Keine Angst vor dem Erröten

Doris Wolf

Keine Angst vor dem Erröten

Psychologische Strategien zur Selbsthilfe

PAL
Lebenshilfe-Bibliothek

Bibliografische Information Der Deutschen Bibliothek
Die Deutsche Bibliothek verzeichnet diese Publikation in der Deutschen Nationalbibliografie; detaillierte bibliografische Daten sind im Internet über http://dnb.ddb.de abrufbar.

ISBN 3-923614-59-4

3. Auflage 2003

Herstellung: C. Bockfeld, Neustadt

Inhalt

Einleitung

„Wenn ich nur nicht immer gleich rot werden würde“, diesen Stoßseufzer höre ich von vielen Klienten. In unzähligen Leserbriefen haben mir Betroffene ihr Leid geklagt. Sie würden nahezu jedes andere Symptom und Leiden aushalten, nur um nicht mehr „als leuchtender Wimpel“ oder „Glühwürmchen“ umherlaufen zu müssen. Sie würden lieber schmerzhafte Magenkrämpfe oder heftige Kopfschmerzen ertragen, schwitzen oder frieren, kurzum mit allen Symptomen tauschen, die unsichtbar oder wenigstens weniger auffällig sind.

Wenn Sie, liebe Leserin, lieber Leser auch unter dem Rotwerden leiden, dann hat es Sie sicher große Überwindung gekostet, dieses Buch überhaupt in die Hand zu nehmen. Vielleicht haben Sie sich erst durch einen Blick ringsum überzeugt, ob kein anderer Kunde im Geschäft sieht, daß Sie ausgerechnet dieses Buch in die Hand nehmen. Höchstwahrscheinlich haben Sie die Röte auch in sich aufsteigen gespürt, als Sie zur Kasse gingen, um das Buch zu bezahlen. Vielleicht bekamen Sie dieses Buch auch von einem lieben Freund geschenkt, der es gut mit Ihnen meinte, und Sie haben mit Rotwerden reagiert, weil Sie sich bei einer Schwäche ertappt fühlten. Oder aber Sie haben das Buch über einen Versandhändler bestellt, um dem Risiko des Rotwerdens gleich ganz aus dem Weg zu gehen.

Ich kann diese Vorgehensweise gut verstehen. Sie ist nur naheliegend und folgerichtig, wenn man das Rotwerden als einen schlimmen Makel ansieht und darunter leidet. Deshalb haben Sie erst einmal ein ganz dickes Lob verdient, daß Sie sich dennoch an dieses Thema heranwagen. Dies ist der richtige und einzige Weg, wie Sie Ihr Rotwerden abbauen können. Alter und zunehmende Reife bewirken nur in den seltensten Fällen eine Besserung.

Ich spreche an dieser Stelle nicht nur als Therapeutin, sondern auch als Betroffene. Jahrelang habe ich unter meinem Rotwerden gelitten. Auch heute noch taucht es ab und zu auf, doch es gelingt ihm nicht mehr, mich so stark zu verunsichern und mich minderwertig fühlen zu lassen. Es flößt mir heute keine Angst mehr ein und blockiert mich nicht mehr in meinem Handeln. Ich habe mit ihm Frieden geschlossen.

Und das, liebe Leserin, lieber Leser, können Sie auch erreichen. Sie müssen nicht länger Opfer Ihres Errötens sein. Sie haben weit mehr Macht über Ihren Körper und Ihre Gefühle, als Sie denken. Sie haben zahlreiche Möglichkeiten, Ihre Furcht vor dem Erröten zu überwinden. Sie sind nicht der Sklave Ihres Körpers. Sie müssen nicht bis an Ihr Lebensende unter dem Erröten leiden. Jetzt im Augenblick haben Sie höchstwahrscheinlich keine andere Wahlmöglichkeit, als rot zu werden und sich hilflos zu fühlen. Sie können jedoch neue Einflußmöglichkeiten lernen. Den ersten Schritt sind Sie schon gegangen. Sie haben sich eingestanden, daß Sie im Augenblick ein Problem haben. Etwas läuft in Ihrem Leben nicht so, wie Sie es sich vorstellen. Ihr Rotwerden behindert Sie in Ihrem Alltag. Jetzt können wir uns zusammen das Problem näher betrachten und schauen, wie Sie es lösen können. Statt daß das Erröten Sie kontrolliert, können Sie lernen, Ihr Erröten zu kontrollieren. Es lohnt sich, packen wir es an!

Was Sie in diesem Buch erwartet

In Teil I dieses Buches werden wir zusammen die Hintergründe und Ursachen des Rotwerdens betrachten. Sie erfahren etwas über die Zusammenhänge zwischen Ihren körperlichen Reaktionen und Ihren Gedankenprozessen und haben so schon die Hälfte auf dem Weg zu neuer Lebensfreude und mehr Spontaneität zurückgelegt. Um die Zusammenhänge zu verdeutlichen, lasse ich immer wieder Betroffene zu Wort kommen. Am Ende jedes Kapitels habe ich Ihnen die wichtigsten Erkenntnisse zusammengefaßt.

Teil II beginnt mit einem Fragebogen, der Ihnen dabei hilft, Ihr Rotwerden besser zu verstehen und einzuordnen. Danach werde ich Ihnen die neuesten und wirkungsvollsten Techniken aufzeigen, mit deren Hilfe Sie Ihre Furcht vor dem Erröten, Ihre Verzweiflung über das Erröten, Ihr Vermeidungsverhalten aufgeben und Ihre innere Anspannung abbauen können. Sie können aus diesen Strategien diejenigen auswählen, die Ihnen am meisten zusagen und die Sie für Ihre Veränderung einsetzen möchten.

Was Sie nicht erwarten können

Ich weiß, daß es Ihr innigster Wunsch ist, für alle Zeiten niemals mehr zu erröten.

„Ich glaube, wenn ich das nicht hätte, wäre meine Welt wieder in Ordnung.“ „Ich glaube, daß meine ganze Lustlosigkeit auf das Leben mit diesem Problem beseitigt wäre.“

Das kann ich Ihnen nicht anbieten und das wäre auch unverantwortlich, denn das Erröten erfüllt durchaus auch eine hilfreiche Funktion (das werden Sie später sehen). „Nie mehr rot werden“ - ist eine unrealistische Erwartung, denn jeder Mensch besitzt die Fähigkeit, zu erröten, so lange bis er stirbt.

Was Sie jedoch hundertprozentig steuern können und was ich Ihnen versprechen kann, ist,

- daß es für Sie nicht mehr peinlich ist, zu erröten.

- daß Sie die Furcht vor dem Erröten abbauen können.
- daß Sie Ihre Rückzugstendenzen und Ihr Vermeidungsverhalten aufgeben können.
- daß Sie Ihre Selbstverurteilung wegen des Errötens einstellen können.
- daß Sie Ihre Verzweiflung und die Depressionen überwinden können.
- daß Sie Ihre körperliche Anspannung reduzieren können.

Wie Sie am besten vorgehen

Lesen Sie das Buch zunächst einmal im Schnelldurchlauf, um sich einen ersten Überblick zu verschaffen und Ihre Neugierde zu befriedigen. Dann beginnen Sie nochmals von vorne und arbeiten sich Kapitel für Kapitel voran. Streichen Sie an, was für Sie persönlich besonders wichtig ist. Legen Sie sich ein Tagebuch zu, in dem Sie die schriftlichen Aufgaben erledigen und alles niederschreiben, was für Sie von Bedeutung ist. Auch wenn dies nach sehr viel Arbeit und ein bißchen wie die Rückkehr zur Schule klingen mag, lohnt sich Ihr Einsatz. Auf die Zukunft gesehen, kostet es Sie wesentlich weniger Energie, sich für einen befristeten Zeitraum darauf zu konzentrieren, einen neuen Umgang mit dem Erröten zu erarbeiten, als Ihr gesamtes Leben lang mit der Furcht vor dem Erröten umherlaufen zu müssen.

Ich versichere Ihnen, daß das Rotwerden nicht automatisch bedeuten muß, sich zu ängstigen, zu blockieren, zu schämen und zu leiden. Ist dies nicht eine lohnenswerte und hoffnungsvolle Perspektive?

Ich möchte in diesem Buch sowohl Leserinnen als auch Leser ansprechen. Der Einfachheit und Lesbarkeit halber benutze ich jedoch nur die männlichen Formen: der andere, der Versager, etc.

Teil I
Das Rotwerden verstehen

1
Es war einmal ein kleines Mädchen ...

Es war einmal ein kleines Mädchen. Es lebte unbeschwert und guter Dinge, bis es im Alter von 9 Jahren von seinem Klassenlehrer an die Tafel gerufen wurde. Es sollte eine Rechenaufgabe lösen. Es stand vor der Tafel und nichts, aber auch gar nichts von all dem, was es am Tag zuvor zuhause gelernt hatte, fiel ihm ein. Es wollte am liebsten im Boden versinken. Alle Augen der Mitschüler schienen es anzustarren, und es traute sich nicht, sich umzudrehen. Ja, es vermeinte sogar ein hämisches Grinsen auf den Gesichtern seiner Mitschülerinnen zu sehen, obwohl es sie gar nicht anschaute. Es wollte so gerne jedem zeigen, daß es die Aufgabe verstanden hatte - und jetzt ging überhaupt nichts. Es wußte überhaupt nicht mehr, wie die Aufgabe überhaupt lautete. Je länger es vor der Tafel stand, desto weniger konnte es sich auf die Rechenaufgabe besinnen. Der Kopf war leer und es konnte nur noch das Rauschen und Pochen des Blutes hören. Der Lehrer sagte: „Ja, das wird ja wohl nichts mehr mit dir. Da schaut sie euch an, nicht einmal diese einfache Aufgabe kann sie lösen“.

Das kleine Mädchen fühlte, wie das Blut immer mehr in seinen Kopf stieg, „daß ein Mensch soviel Blut haben konnte!“ Es hatte den Eindruck, jetzt gleich würde der Kopf zerplatzen. Es konnte kein Wort herausbringen und wünschte sich nur, tot umzufallen. Schließlich konnte es nur noch daran denken, daß jetzt alle sahen, wie rot sein Kopf war. Gedanken schossen wild durch seinen Kopf: „Oh Gott! Wie peinlich!“ Nicht allein, daß es die Aufgabe nicht lösen konnte, nein, es mußte auch noch jeder sehen, daß ihm das so viel ausmachte! Das kleine Mädchen ging schließlich auf seinen Platz zurück, den Kopf tief gesenkt, den Blick starr auf den Boden gerichtet. Alles ging mechanisch, es wäre am liebsten aus seinem Körper gesprungen und hätte jedem erzählt, daß der Körper gar nicht zu ihm gehörte.

Auf seinem Platz angekommen wollte es von niemandem angesprochen werden. Es wollte kein Mitleid, denn das würde seine Schwäche ja noch mehr betonen. Es hatte den Eindruck, ganz allein auf der Welt zu sein, und daß es nie mehr fröhlich werden könnte. Immer wieder mußte es sich vorstellen, wie dumm es an der Tafel gestanden hatte. Was ihm am meisten ausmachte, war, daß jeder hatte sehen können, wie unsicher und schwach es sich gefühlt hatte. Fortan war aus dem fröhlichen und unbeschwerten Mädchen ein unsicheres Mädchen geworden. Es ging morgens mit dem Gedanken zur Schule: „Hoffentlich mußt du heute nicht an die Tafel. Bestimmt wirst du wieder rot“.

Unglücklicherweise waren in der Klasse noch zwei Mitschülerinnen, die den gleichen Vornamen hatten. Immer wenn der Lehrer eines der anderen Mädchen aufrief, zuckte es deshalb zusammen und das Blut stieg ihm in den Kopf. Es hatte den Eindruck, jeder würde das Rauschen des Blutes hören. Mußte es vor der Klasse vorlesen oder wurde aufgerufen, um eine Frage zu beantworten, so wurde es wieder rot. In seiner Not probierte es alles aus, was das Rotwerden verhindern könnte. Zunächst faßte es den festen Vorsatz, am nächsten Tag nicht mehr rot zu werden. Doch das half nichts. Dann wiederholte es auf dem Schulweg immer wieder „Hoffentlich werde ich nicht rot“. Die ganze

Sache wurde immer schlimmer. Wenn die Eltern nicht gewesen wären, wäre es am liebsten gar nicht mehr in die Schule gegangen. Vor der versammelten Klasse zu turnen, zu singen oder ein Gedicht aufzusagen, das waren Horrorsituationen für das kleine Mädchen. Vor diesen Ereignissen konnte es am Abend zuvor schon nicht einschlafen, denn es sah sich immer wieder vor der Klasse stehen, mit rotem Kopf und unfähig, seine Aufgabe zu erfüllen.

Ach, es fühlte sich so schutzlos den anderen ausgeliefert. Andere hatten es gut. Nicht, daß die anderen alle keine Probleme mit dem Vorsingen gehabt hätten, manche stotterten oder erwischten den Ton nicht richtig, aber so einen roten Ballon wie das kleine Mädchen bekam keine einzige Mitschülerin. Noch schlimmer wurde alles, wenn eine der Schulkameradinnen es trösten wollte: „Du brauchst doch nicht rot werden". Dann fühlte es sich, als ob man ihm geradewegs in eine Wunde gestochen hätte. Dann wurde alles doppelt schlimm. Sein Kopf wurde, wenn es überhaupt noch eine Steigerung gab, noch röter. Es konnte dann überhaupt nicht mehr richtig zuhören, was das andere Mädchen sagte. Im Boden versinken und unsichtbar werden, ohnmächtig werden oder tot umfallen, das wünschte es sich dann nur noch. Doch der Himmel war unbarmherzig, nichts dergleichen passierte. Es mußte den Blick der anderen aushalten, konnte nur schamvoll nach unten schauen.

Manchmal gelang es ihm wenigstens, die anderen durch Themenwechsel von sich abzulenken oder so zu tun, als ob es unter der Schulbank etwas suchte. Dann ging die Röte schneller wieder weg. Mit der Zeit zog sich das Mädchen immer mehr von seinen Schulkameradinnen zurück, verlor seine Spontaneität und Neugierde. Als allererstes schoß ihm immer der hemmende Gedanke in den Kopf: „Was ist, wenn ich rot werde? Das könnte ich nicht ertragen", und dann sagte es die Einladung zum Geburtstag ab, vermied es, sich in der Schule zu melden, auch wenn es die Antwort auf eine Frage wußte, usw. Es sah nur eine einzige Lösung für sein Problem: all die Ereignisse, so gut es eben ging, zu vermeiden, in denen es jemals rot geworden war. Auch verzweifelte Gebete am Abend unter der Bettdecke halfen nichts. Selbst der liebe Gott hatte es verlassen. Sein größter Wunsch war es, eines Tages mit der Gewißheit aufzuwachen, nie mehr rot zu werden. Es wünschte sich inständig: „Wenn es doch eine Fee gäbe, die mir mein Rotwerden wegnehmen könnte ... "

Dieses kleine Mädchen war ich selbst. Und diese Geschichte hat auch ein Happy End. Ich mußte nicht auf eine Fee warten, die mir mein Rotwerden wegzauberte. Ich selbst hatte bereits als kleines Mädchen in mir alle Fähigkeiten, mich von meinen seelischen Qualen zu befreien. Ich hatte sie nur noch nicht benutzt, weil mir niemand sagte, daß und wie ich sie einsetzen konnte. Ich mußte erst erwachsen werden und lernen, meine Fähigkeiten zu nutzen, um mich zu „erlösen". All das, was mir geholfen hat, und noch zusätzlich viele neue psychologische Strategien werde ich in diesem Buch an Sie weitergeben.

Auch Sie, liebe Leserin, lieber Leser, sind innerlich schon perfekt auf die Veränderung vorbereitet. Das Handwerkszeug liegt schon bereit. Ich werde Ihnen in diesem Buch zeigen, wie Sie sich Ihre Fähigkeiten zunutze machen können. Ich bin hundertprozentig sicher, daß Sie die Fähigkeit haben, Ihr Rotwerden und die damit verbundenen unangenehmen Gefühle zu beeinflussen. Ich weiß, daß Sie mir das im Augenblick nicht glauben können. Und das ist in Ordnung, denn Sie haben sicher ebenso wie das kleine Mädchen schon viele Versuche unternommen, Ihren Körper besser in Griff zu bekommen. Alle Versuche führten wahrscheinlich zu mehr oder weniger großem Mißerfolg, denn sonst würden Sie jetzt nicht in meinem Buch nach weiteren Hilfestellungen suchen.

Mir verbleibt jetzt die Aufgabe, gegen diese enttäuschenden Erfahrungen, die Sie mir erzählen könnten, anzukämpfen. Einigen wir uns also darauf: Sie haben bisher eine Menge negativer Erfahrungen damit gesammelt, Ihr Rotwerden zu beeinflussen. Ich habe bisher eine ganze Menge positiver Erfahrungen mit meinem Rotwerden und dem Rotwerden meiner Klienten gesammelt. Lassen Sie es uns auf einen Versuch ankommen und vertrauen Sie mir. Am Ende des Buches werden Sie auf jeden Fall nicht schlechter dastehen als im Augenblick, aber möglicherweise viel gewonnen haben. Lassen Sie uns mit den Vorbereitungen beginnen.

Bevor ich Ihnen zeigen möchte, wie Sie Ihr Rotwerden und die Furcht vor dem Rotwerden beeinflussen können, müssen wir uns zunächst eingehend mit seinen Ursachen beschäftigen.

Sie können Ihr Rotwerden beeinflussen - auch wenn Sie bisher glaubten, sein Opfer zu sein.

2
Erröten - eine ganz normale menschliche Reaktion?!

Alle Menschen besitzen die Fähigkeit, rot zu werden. Warum nicht alle erröten bzw. die Röte nicht bei allen sichtbar wird, werden wir in Kapitel 4 besprechen. Im Grunde genommen ist das Rotwerden eine **ganz natürliche Reaktion** unseres Körpers. Erröten ist eine ebenso normale Reaktion wie lachen oder weinen. Und doch kann das Erröten mit Furcht, Verzweiflung, Selbsthaß und Depressionen verknüpft sein. Schon der bloße Gedanke daran führt bei vielen Menschen zu Schweißausbrüchen und Panikgefühlen und bringt ihr Leben total durcheinander. Weshalb dies so ist, werden Sie in den nächsten Kapiteln erfahren. Jetzt wollen wir uns erst einmal mit dem alltäglichen Erröten - so wie es jeder kennt - befassen. Unser Körper kann in den unterschiedlichsten Situationen mit dem Erröten reagieren:

- **Erröten als Folge körperlicher Aktivität:**
  Bei körperlicher Anstrengung ist es den meisten Menschen vertraut. Manche heißen das Erröten sogar willkommen, weil es für sie ein Anzeichen guter Durchblutung ist. Es dient ihnen als Hinweis, sich intensiv körperlich betätigt zu haben.

- **Erröten als Begleiterscheinung einer körperlichen Erkrankung**:
  Fieber geht häufig mit einem roten Kopf einher. Eine Funktionsstörung der Schilddrüse sowie des Herz-Kreis-

lauf-Systems kommen ebenfalls als Ursachen in Frage. Manche Menschen erröten auch infolge einer Allergie auf chemische Substanzen, auf Nahrungsmittel, Pollen, Hausstaub oder Wohnraumgifte. Wenn Sie bei sich solche Ursachen vermuten, sollten Sie dies ärztlich abklären lassen.

- **Erröten infolge einer Medikamenteneinnahme und erregungssteigernder Mittel:**
  So können die Einnahme blutdrucksenkender Mittel (Kalziumantagonisten) sowie Kaffee, Tee oder Cola einen roten Kopf hervorrufen.

- **Erröten infolge einer Veränderung des Atemrhythmus**:
  Wenn man die Luft anhält oder sehr schnell atmet, kommt es zum Erröten.

- **Erröten in heißen Räumen, bei intensiver Sonneneinstrahlung und in der Sauna**

- **Erröten infolge von Alkoholkonsum**:
  Alkohol führt zu einer Blutdruckveränderung, Beschleunigung der Atmung und einem Anstieg der Hauttemperatur.

- **Erröten als Begleiterscheinung von Gefühlen wie Freude, Aufregung, Scham, Wut und Angst**:
  Körper und Seele arbeiten Hand in Hand. Jede Veränderung in unseren Gefühlen schlägt sich auch in unserem Körper nieder. Umgekehrt, wenn wir wahrnehmen, daß sich unser Körper verändert, wir beispielsweise rot werden, kann sich dies wiederum auf unsere Gefühle auswirken. Wir verspüren Angst oder Wut über unser Rotwerden. Viele Menschen reagieren, wenn sie sich freuen, ängstigen, schämen oder ärgern, mit einem Erröten.

„Schon als Kind wurde ich rot, wenn ich mich freute, ängstigte oder mich von anderen in die Ecke gedrängt fühlte."

Das Zusammenspiel zwischen Körper und Seele können wir uns folgendermaßen vorstellen: Zunächst nehmen wir mit unseren Sinnen etwas in unserer Umwelt oder in unserem Körper wahr. Dann bewerten wir diese Wahrnehmung blitzschnell und meist automatisch. Wir bewerten sie anhand unserer vergangenen Erfahrungen und unserem Wissen danach, ob sie positiv oder negativ für uns ist. Als Folge dieser Bewertung empfinden wir positive oder negative Gefühle, unser Körper reagiert und wir verhalten uns in einer bestimmten Art und Weise.

Diese Funktionsweise unseres Organismus, daß Gedanken, Gefühle und Verhalten sich gegenseitig beeinflussen, ist uns angeboren. Bewerten wir ein Ereignis als positiv, verspüren wir positive Gefühle (Freude, Liebe, Begeisterung, Zufriedenheit). Wir werden hierdurch bestärkt, dieses Ereignis wieder herbeizuführen und unser Verhalten zu wiederholen. Eine negative Bewertung bewirkt negative Gefühle (Wut, Angst, Traurigkeit). Diese haben zur Folge, daß wir die Situation verändern bzw. in Zukunft vermeiden wollen.

Nehmen wir beispielsweise unsere Angst. Unsere Angst ist ein normaler und notwendiger Teil unseres Lebens - eine natürliche und biologisch in unserem Körper festgelegte Reaktion. Zunächst bewertet unser Gehirn eine Situation blitzschnell als gefährlich, ungewiß und unkontrollierbar. Es meldet unserem Körper „Gefahr in Verzug". Das daraus resultierende **Angstgefühl** hat eine **Alarmfunktion** und soll uns helfen, unser Leben zu erhalten. Unser Körper wird auf schnelles Handeln vorbereitet. Unsere Aufmerksamkeit und Konzentration werden gestärkt - sofern die Angst nicht unangemessen stark ist. Mit dem Angstgefühl sind gleichzeitig ganz unterschiedliche Körperreaktionen verknüpft: Wir atmen schneller. Unsere Muskeln spannen sich an und beginnen vielleicht auch zu zittern. Unser Herzschlag und der Blutdruck werden beschleunigt. Es verschlägt uns den Appetit. Unser Mund wird trocken. Wir beginnen zu schwitzen oder zu frieren. Wir bekommen einen Blasendruck oder Durchfall. Die Nebennieren werden zu verstärkter Ausschüttung von Adrenalin angeregt. Wir erröten oder werden blaß. Diese körperlichen Veränderungen machen uns bereit für Kampf oder Flucht. Für unsere Vorfahren waren diese körperlichen Veränderungen lebensnotwendig für die Flucht vor wilden Tieren und den Kampf mit Feinden. Heutzutage müssen wir nur selten ums Überleben kämpfen, aber unsere Körperreaktionen sind geblieben. Als Alarmreaktion ist unsere Angst jedoch auch heute noch sinnvoll, beispielsweise wenn wir beim Überqueren einer Straße schnell einem Auto ausweichen müssen. Ein gewisses Maß an Angst motiviert uns auch, für Prüfungen zu lernen und für unsere Gesundheit zu sorgen. Biologisch ist ebenfalls in unserem Körper angelegt, daß unsere Erregung automatisch abfällt, sobald die Belastung nachläßt und die Gefahr vorüber ist. Der Körper reguliert sich also selbst, sofern wir ihn lassen.

Welche Funktion hat das Erröten für unser körperliches Gleichgewicht?

Das Erröten ist eine normale körperliche Reaktion, die meist mit vielen anderen körperlichen Veränderungen einhergeht. Es zeigt an, daß der Körper aktiviert wurde und die Körpertemperatur angestiegen ist. Unser Körper ist überhitzt und versucht, sich abzukühlen. Das Erröten des Gesichts soll bei der Abkühlung helfen, so daß unser Körper eine relativ konstante Temperatur beibehält. Unser Hitzegefühl, das häufig mit dem Rotwerden einhergeht, erklärt sich hieraus. Die Abkühlung erfolgt durch eine Erweiterung der Blutgefäße, auch Vasodilation genannt. Die Haut ist dann röter. Auf alles, was zu einem Ansteigen der Körpertemperatur führt, wie z.B. körperliche Betätigung, hohe Raumtemperatur oder emotionale Erregung, reagiert unser Körper mit Vasodilation. Auch das Schwitzen, insbesondere der Handflächen, Fußsohlen und der Stirn, dient unserer Abkühlung. Das Gegenteil passiert in einer kalten Umgebung. Die Blutgefäße ziehen sich zusammen. Als Folge davon fließt eine geringere Blutmenge nahe der Hautoberfläche, damit unsere Hauttemperatur beibehalten werden kann. Unser Gesicht wird dann weißer. Das Erröten verschwindet, wenn wir tatsächlich und bildlich gesprochen „cool bleiben“. Gleichzeitig mit der Erweiterung der Blutgefäße erfolgt eine Steigerung der Durchblutung im Kopfbereich. Wenn sich die Durchblutung des Gesichts verbessert, wird auch das Gehirn stärker durchblutet. Der Körper sorgt damit dafür, daß wir leistungsfähiger werden.

Rotwerden ist ein Anzeichen dafür, daß unser Körper seine Arbeit verrichtet - er kühlt ab!!!

Erröten aus Scham und Verlegenheit

Wer ist nicht schon einmal in einer Situation gewesen, die er als peinlich erlebt hat? Ein Glas Rotwein auf das Kleid der Tischnachbarin zu leeren, mit vollem Einkaufskorb ohne Geld an der Kasse zu stehen, irrtümlicherweise fehlendes Wechselgeld zu reklamieren, den Namen einer freundlich grüßenden Kollegin nicht mehr zu erinnern, ein Lob, das wir glauben, nicht verdient zu haben, zu hören, bei einer Lüge erwischt zu werden, bei einer „schmutzigen“ Phantasie, beim Bohren in der Nase ertappt zu werden - bei diesen Ereignissen fühlen wir uns unwohl und verlegen. Wir reagieren mit Anspannung, Schweißausbrüchen, kalten Händen, stottern oder auch mit Erröten. Wir würden am liebsten im Erdboden verschwinden oder davonlaufen. Mit einem nervösen Lachen, einer gestammelten Entschuldigung und einem gesenkten Blick versuchen wir die Situation zu retten. Wir wechseln das Thema, kehren andere Qualitäten von uns heraus, bestreiten unser Versagen, nehmen es mit Humor oder suchen nach einer Bestätigung durch die anderen. Wir bemühen uns, anderen zu zeigen, daß dies nur ein Versehen war und wir im Grunde ganz normale fähige Menschen sind. Reagieren wir mit einem Erröten, bemerken dies und bewerten es als negativ, so kann dies unsere Verlegenheit verstärken. Unsere Nervosität und unser Erröten legen sich jedoch nach kurzer Zeit wieder. Das Rotwerden stellt lediglich ein kurzes Zwischenspiel dar, was nicht unser gesamtes Leben auf den Kopf stellt und beherrscht.

Immer wird dabei unser Erröten durch ein Mißgeschick und unsere damit verbundene negative Bewertung ausgelöst. Immer dann, wenn wir uns nicht so verhalten, wie es die gesellschaftlichen Regeln vorschreiben und wir es wollten, fühlen wir Unwohlsein und Verlegenheit. Wir reagieren mit Erröten, weil wir unseren Wunsch, einen guten, fähigen Eindruck zu machen, nicht erfüllt haben. Unsere Verlegenheit ist dabei abhängig von der Bedeutung, die wir der Situation und den beteiligten Personen beimessen, mehr oder weniger stark ausgeprägt. Kaffee auf der Jacke des Chefs wiegt meist schwerwiegender als auf der Jacke des Freundes. Je wichtiger uns die Meinung und Reaktion der anderen ist, desto peinlicher ist uns unser Verhalten. In Situationen, in denen wir uns unsicher fühlen, was wir sagen oder tun sollten, werden wir zudem leichter verlegen.

Was Sie sich merken sollten

★ Erröten ist eine ganz normale menschliche Reaktion wie Lachen oder Weinen. Körperliche Aktivität, eine körperliche Erkrankung, die Medikamenteneinnahme, Alkoholkonsum, eine Veränderung des Atemrhythmus oder hohe Temperatur können das Erröten auslösen.

★ Meist tritt Erröten als Begleiterscheinung unserer Gefühle wie Freude, Aufregung, Scham, Wut und Angst auf. Jede Veränderung in unseren Gefühlen schlägt sich auch in unserem Körper nieder.

★ Unser Körper setzt das Erröten ein, um sich abzukühlen.

★ Fast alle Menschen sind schon einmal aus Scham und Verlegenheit errötet, weil ihnen ihrer Meinung nach ein Mißgeschick passierte.

Ist es hilfreich,
sich dafür zu verurteilen,
daß der Körper seine Aufgabe
erfüllt?

3
Rotwerden ist nicht gleich Rotwerden?

Vielleicht wenden Sie, liebe Leserin, lieber Leser, jetzt ein: *„Schön und gut, mal gelegentlich bei peinlichen Situationen zu erröten, das könnte ich ganz gut wegstecken, aber bei mir ist es ganz anders“.* Ihr Rotwerden scheint völlig unvermittelt und ohne Ihre Einflußnahme aufzutreten. Da gibt es kein eindeutiges Mißgeschick, das Sie als Erklärung für Ihr Erröten heranziehen können. Sie sehen sich als Opfer der Launen Ihres Körpers.

Ihr Rotwerden zieht sich wie ein roter Faden durch Ihr Leben und taucht nicht nur sporadisch auf. Sie haben sich bisher nicht oder nur selten getraut, darüber zu sprechen und Hilfe zu suchen, aus Furcht, nicht ernst genommen oder ausgelacht zu werden. Für Sie war diese Furcht naheliegend, wo doch die meisten Menschen keinerlei Problem mit dem Rotwerden zu haben scheinen. Sie haben auch den Eindruck, daß Sie sich in vielen Punkten von den Menschen unterscheiden, die mit ihrem Erröten gut umgehen können.

- **Ursache des Errötens**
  Sie können keinen „vernünftigen“ Grund für Ihr Rotwerden entdecken. *„Mein größter Hemmschuh in meinem Leben ist das Erröten. Das kommt plötzlich über mich und ich stehe da mit rotem Kopf und alle gaffen mich an.“*

- **Häufigkeit**
  Sie haben den Eindruck, Ihr Rotwerden trete häufiger auf als bei anderen Menschen. *„Das Schlimmste ist, daß ich sehr häufig erröte, egal ob einfach grundlos in der Schlange, im Supermarkt oder wenn ich jemanden in der Stadt treffe."*

- **Stärke**
  Sie haben den Eindruck, es trete viel stärker auf als bei anderen Menschen. Jeder könne bei Ihnen sofort erkennen, wenn Sie rot werden. Ihr Kopf würde sich in einen puterroten Ballon verwandeln.

- **Dauer**
  Sie haben den Eindruck, die Röte dauerte endlos an.

- **Ausmaß des Leidens: negative Gedanken und Gefühle**
  Sie leiden täglich unter Ihrem Rotwerden. Es überschattet Ihr ganzes Leben. Vor jeglicher Aktivität überlegen Sie, ob Sie dabei rot werden könnten. Sie fürchten sich vor dem Rotwerden. Sie treten besonders aggressiv anderen gegenüber auf oder verfallen in Depressionen. Sie verurteilen sich für Ihr Rotwerden und sehen sich als Mensch zweiter Klasse. *„Mein Leben ist dadurch bestimmt, daß ich in ständiger Angst lebe, rot zu werden. Ich drücke mich sogar vor bestimmten Situationen, aus Angst vor Scham im Boden zu versinken. Bei jeder Kleinigkeit erröte ich. Allein der Gedanke: „Jetzt wirst du rot", läßt mich unweigerlich erröten. Es ist wie ein Teufelskreis. So ein schüchterner Mensch bin ich eigentlich gar nicht, aber dieses Rotwerden zerstört jede Unterhaltung und fordert so viel Kraft, bestimmten Situationen auszuweichen."*

- **Verhalten**
  Sie beobachten Ihren Körper, insbesondere Ihr Erröten sehr intensiv und sorgfältig. Sie versuchen, Ihr Rotwerden, so gut es geht, zu vermeiden, indem Sie sich in viele Situationen erst gar nicht begeben. Wenn Sie sich

hineinbegeben, geschieht dies mit sehr starker Angst. Sie versuchen, von sich und Ihrem Erröten abzulenken. Sie suchen Abhilfe bei Suchtmitteln, nehmen Beruhigungstabletten oder trinken zur Entspannung Alkohol. Sie haben sich von anderen Menschen isoliert, trauen sich im Beruf nur wenig zu. *„Ich gehe nicht alleine weg und verzichte auf sehr viele Dinge, weil ich wahnsinnige Angst davor habe, wenn die Leute mich mit meinem roten Kopf sehen."*

Ich kann nicht beurteilen, ob Sie mit der Einschätzung, daß Sie häufiger, intensiver und länger erröten, richtig liegen. Dies ist für mich aber auch nicht entscheidend. Wenn Sie mir sagen, daß Sie unter Ihrem Erröten leiden und es Sie in Ihrem Leben stark einengt und blockiert, dann ist dies Grund genug, etwas zu verändern. Eines ist jedoch gewiß: Sie erröten nicht grundlos. Sie haben Ihrem Körper den Auftrag hierzu gegeben. Genau genommen ist auch nicht Ihr Erröten das Problem, sondern Ihre Bewertung des Errötens als schlimme Katastrophe und die daraus resultierende Furcht vor dem Erröten. Sie wollen nicht mehr die schlimmen negativen Gefühle verspüren, die Sie mit dem Erröten verbinden. In Kapitel 5 werden wir uns eingehend damit befassen.

Ist die Furcht vor dem Erröten eine Krankheit?

Ich bin absolut nicht dafür, Menschen in Kategorien wie „gesund" und „krank" einzuteilen. Der Vollständigkeit halber und weil mir von vielen Betroffenen diese Frage gestellt wird, füge ich diesen Absatz jedoch ein. In der Fachsprache wird die Furcht vor dem Erröten als Erythrophobie bezeichnet. Eine Phobie bezeichnet unangemessene und starke Ängste und Angstreaktionen, die sich nur auf bestimmte Objekte, Tiere oder Situationen beziehen. Häufig tritt das Erröten auch in Verbindung mit einer sozialen Phobie auf. Die soziale Phobie umfaßt unangemessen starke Ängste vor sozialen Situationen wie z.B. sich in Gegenwart anderer zu äußern, vor anderen zu reden oder zu essen oder in anderer Weise im Mittelpunkt der Aufmerksamkeit anderer zu stehen. Die Angst bezieht sich meist auf fremde Menschen, Personen des anderen Geschlechts und Menschen in gehobener Stellung. Die Hauptbefürchtung besteht darin, daß etwas Peinliches, Demütigendes oder Beschämendes passieren könnte.

Meist beginnen soziale Phobien schleichend bereits in der frühen Jugend. Sie zeigen sich oft durch ausgeprägte Schüchternheit oder Zurückhaltung. Zu starken Schwierigkeiten kommt es dann bei größeren Lebensveränderungen (Entlassung, Beförderung, Trennung). Fast 8% aller Jugendlichen und Erwachsenen leiden unter einer sozialen Phobie. Sie beeinträchtigt das Alltagsleben, das berufliche Fortkommen und die Freizeitgestaltung.

Das Erröten an sich ist, wie wir bereits gesagt haben, eine ganz natürliche körperliche Reaktion. Dann, wenn wir unter unserem Erröten leiden und es unseren Alltag beherrscht, wir beispielsweise bestimmte Situationen meiden, unseren Job nur halbherzig ausfüllen können oder verlieren, die Partnerschaft zerbricht, wir unsere Fähigkeiten nicht voll entfalten können, eine Suchtmittelabhängigkeit entwickeln, sollten wir nach Strategien der Bewältigung suchen.

Statt darüber nachzugrübeln, ob unser Erröten krankhaft ist oder nicht, sollten wir uns die Frage stellen: Was kann ich tun, um nicht mehr unter meinem Erröten zu leiden?

Was Sie sich merken sollten

- ★ Wenn wir unter unserem Rotwerden leiden, glauben wir, keinen Grund für unser Erröten zu haben. Wir haben zudem den Eindruck, daß unser Erröten häufiger und stärker ist und länger anhält als bei anderen.
- ★ Wir sorgen uns täglich um unser Erröten und fürchten uns vor ihm.
- ★ Wir beobachten unseren Körper intensiv und meiden die Situationen, in denen wir erröten könnten.
- ★ Die Frage, ob unser Erröten eine Krankheit ist, hilft nicht viel weiter. Besser ist es, sich die Frage zu stellen: Was genau kann ich tun, um nicht mehr unter meinem Erröten zu leiden?

Unser Erröten ist nur so schlimm, wie wir es sehen.

4
Warum gerade ich?

Es leiden zwar viele Menschen unter ihrem Erröten, jedoch gibt es DAS Erröten nicht. Jeder Mensch hat seine ganz individuelle Art, wie sich sein Rotwerden entwickelt hat und wie es sich äußert. Die einen haben nur Flecken am Hals oder auch im oberen Brustbereich, andere bekommen ein ganz rotes Gesicht, nur rote Ohren, rote Wangen oder Stirn. Das Rotwerden kann mit weiteren körperlichen Symptomen wie etwa Herzstolpern, Hitzewallungen, Magendruck, Schwitzen, Zittern und einem generellen Panikgefühl verknüpft sein. Zudem hat jeder ganz bestimmte Situationen, in denen er rot wird. Das Rotwerden ist je nach Situation auch unterschiedlich stark ausgeprägt. Je wichtiger eine Situation für uns ist, um so stärker verspüren wir Erregung und um so stärker erröten wir. Viele unterschiedliche Faktoren können dazu beitragen, daß wir zum Erröten neigen. Meist sind mehrere Faktoren an seinem Entstehen beteiligt.

I. Körperliche Ursachen

- **ererbte Faktoren**
  Es wird vermutet, daß bei der Entwicklung von Ängsten biologische Faktoren wie z.B. die Vererbung eine Rolle spielen. Manche Menschen haben von Geburt an eine erhöhte generelle Bereitschaft, mit Angst zu reagieren. Sie benötigen weniger Streß, um Veränderungen im Herzschlag und der Körpertemperatur zu erleben. Sie lernen Gegenmaßnahmen für angstauslösende Situationen langsamer, gewöhnen sich langsamer an neue oder veränderte Situationen. Da Erröten oft bei Angst und Anspannung auftritt, erröten Menschen mit erhöhter Angstbereitschaft auch häufiger.

- **Hautbeschaffenheit**
  Wir unterscheiden uns in der Dicke der Haut. Deshalb ist das Erröten auch mehr oder weniger gut sichtbar. Dünnhäutige Menschen im wörtlichen und übertragenen Sinn erröten schneller.

- **Intensität**
  Manche Menschen erröten stärker als andere.

- **Ausmaß der generellen Anspannung**
  Unser Körper ist so konstruiert, daß er nach Anspannungsphasen immer wieder Ruhephasen benötigt, um wieder in ein seelisches und körperliches Gleichgewicht zu kommen. Eine chronische Anspannung führt dazu, daß wir schneller und stärker reagieren. Die Wahrscheinlichkeit zu erröten steigt.

- **ungesunder Lebensstil**
  Wenig Schlaf, wenig körperliche Bewegung und ungesunde Ernährung führen zu Anspannung und einem körperlich/seelischen Ungleichgewicht. Dies macht uns wiederum anfälliger, bei kleinsten unangenehmen Situationen mit Erröten zu reagieren.

- **ein körperliches Merkmal, das aus der Norm fällt**
  Wenn wir glauben, daß unser Körper oder bestimmte Gliedmaßen mißgebildet, zu groß oder zu klein seien, dann haben wir Angst, dies könnte von anderen entdeckt und wir deswegen abgelehnt werden. Wir beschäftigen uns fast die ganze Zeit mit diesem körperlichem Mangel und wollen ihn verbergen. Werden wir darauf angesprochen oder glauben wir, von anderen beobachtet zu werden, bewerten wir dies als Gefahr und erröten.

II. Geschlecht

In früheren Zeiten war es gesellschaftlich erwünscht, daß Frauen erröten. Ja, das Erröten galt sogar als besonders attraktiv und schmeichelhaft. Die gesellschaftlichen Erwartungen haben sich jedoch inzwischen verändert. Insbesondere auch die Frauen selbst erwarten von sich heutzutage, sich selbstsicher zu verhalten und keine Schwächen zu zeigen. In wissenschaftlichen Untersuchungen gibt es widersprüchliche Zahlen darüber, ob Männer oder Frauen stärker betroffen sind. Viele Männer sehen ihr Erröten jedoch als wesentlich schlimmer an, einfach weil sie glauben, daß man besonders als Mann nicht erröten sollte.

III. Alter

Das Erröten wird frühestens ab dem Alter von 5 Jahren zu einem Problem. Dies hängt damit zusammen, daß wir uns erst ab diesem Zeitpunkt Gedanken darüber machen, wie wir auf andere wirken. Außerdem beginnen wir erst dann zu verstehen, weshalb unpassendes Verhalten Lachen und Hänseleien hervorrufen kann. Wir erleben, daß unser Verhalten als peinlich und Erröten von anderen als Zeichen von Verlegenheit angesehen wird. Deshalb versuchen wir von dort an, Verlegenheit und Erröten zu vermeiden. Meist tritt Erröten zum ersten Mal zwischen dem 9. und 13. Lebensjahr auf. In der Jugendzeit verschärft es sich häufig und zwar meist bei ohnehin schüchternen Menschen. Wir machen uns in diesem Alter Gedanken darüber, was andere von uns denken könnten - selbst wenn sie gar nicht anwesend sind. Wir haben Angst, uns falsch zu verhalten. Zudem ist dies ohnehin eine Zeit großer Verunsicherung. Wir sind keine Kinder mehr, aber auch noch nicht erwachsen. Besonders was das andere Geschlecht betrifft, sind wir unsicher, wie wir Kontakt aufnehmen oder ein Rendezvous verabreden sollten. Auf unsere Verliebtheit angesprochen zu werden, kann uns ebenfalls eine starke Röte ins Gesicht treiben und zu einem traumatischen Erlebnis werden. In den seltensten Fällen hört die Neigung zu erröten von alleine auf. Das Erwachsenwerden, beruflicher und privater Erfolg sind keine Garantie dafür, daß wir das Erröten überwinden.

„Ich leide unter dem verdammten Rotwerden. Ich bin 43 Jahre und werde es wohl noch im Alter haben."

Auch im Erwachsenenalter kann sich das Erröten noch zum Problem entwickeln, meist jedoch vor Mitte 20.

IV. Psyche

- **Erziehung**
  Ein ängstlich-überbehütender, aggressiv-abwertender oder Perfektion erwartender-kritisierender Erziehungsstil eines oder beider Elternteile verhindert, daß wir lernen, uns zu vertrauen und Selbstsicherheit zu entwickeln. Wir lernen auch nicht, wie man mit Ängsten umgeht und sie überwindet. Als Erwachsene neigen wir dann dazu, unsere Fähigkeiten, mit Situationen und unseren Gefühlen klarzukommen, zu unterschätzen. Wir sehen in Fehlern eine Bedrohung unserer Person. Auch ängstliche Eltern können uns als Vorbilder dienen, ähnliche Persönlichkeitszüge zu entwickeln.

- **Eigenschaften, Verhaltensweisen, die aus der Norm fallen oder von der Umgebung abweichen**
  Weisen wir als Kinder oder unsere Eltern Eigenschaften oder Verhaltensweisen auf, die von der Norm abweichen (z.B. Dialekt, Alkoholabhängigkeit, bestimmte Volksgruppe, Religion oder Schicht), dann werden wir möglicherweise von unserer Umwelt abgelehnt und/oder lehnen uns selbst ab. Wir sind unsicher im Kreise anderer und damit werden die Anspannung und die Wahrscheinlichkeit, zu erröten, erhöht.

- **Trauma**

  Ein einziges Erlebnis, das wir als sehr unangenehm bewerten, kann genügen, daß wir von diesem Tag an ähnlichen Situationen aus dem Weg gehen oder sie nur mit massiven Angstbeschwerden angehen können. Sehr viele Menschen berichten beispielsweise von traumatischen Erlebnissen beim Vorsingen, Gedicht aufsagen, freien Sprechen. Sie verbinden von diesem Zeitpunkt an mit diesem Ereignis, bloßgestellt, ausgelacht und gedemütigt zu werden.

„An die erste Situation, wo ich rot wurde, kann ich mich noch ganz genau erinnern. Sie war in der Fahrschule. Dort wußte ich eine Antwort nur sehr ungenau und der Fahrlehrer quetschte mich vor allen anderen Teilnehmern aus. Es war sehr unangenehm und ich wurde sehr rot. Dies war vor knapp drei Jahren. Von da an kam es immer öfter vor ...“

- **Überlastung, Überforderung, Streß**

  Wenn wir uns in einer Krise befinden, uns überfordert, unsere Situation als ausweglos sehen, dann sind wir „verwundbarer und verletzlicher“. Wir sind nervös und gereizt. Wir bewerten die Meinung anderer schneller als Kritik oder Ablehnung, werfen uns schneller Versagen vor und machen uns damit bereiter, auch mit Erröten zu reagieren.

- **Persönlichkeit**

  Erröten ist neben anderen Symptomen auch ein Ausdruck von Schüchternheit. Sind wir schüchtern, so fehlt es uns an sozialen Fertigkeiten (s. unten) und/oder Selbstvertrauen. Wir haben dann folgende Denk- und Verhaltensgewohnheiten:
  - Wir machen uns abhängig von der Meinung anderer, sorgen uns stark darum, wie wir ankommen.
  - Wir neigen dazu, uns zu beobachten und über uns nachzudenken.

- Wir konzentrieren uns verstärkt auf unsere körperlichen Reaktionen, beispielsweise das Erröten. Wir reagieren sensibel auf kleinste Temperaturveränderungen der Gesichtshaut. Wir nehmen wahr, was andere gar nicht bemerken. Ferner schätzen wir das Erröten als weitaus intensiver ein, als es in Wirklichkeit ist.
- Wir verlangen von uns Fehlerlosigkeit, überfordern uns dadurch und verachten uns, wenn wir Fehler machen.
- Wir sehen uns als dumm, unfähig, unattraktiv, minderwertig ... und lehnen uns ab.
- Wir fordern von uns, stets ruhig und beherrscht aufzutreten, wollen alles unter Kontrolle haben und am liebsten im voraus wissen, was auf uns zukommt.

V. Verhaltensdefizite

Wir haben nicht gelernt, wie man auf Menschen zugeht, Wünsche äußert, sich durchsetzt, mit Kritik umgeht, Vorträge hält, im Mittelpunkt steht, die Aufmerksamkeit erträgt oder genießt, oder Prüfungen ablegt. Wir befürchten, als feindselig oder dumm angesehen oder verspottet zu werden. Die Folge davon ist, daß wir unter starke Anspannung geraten, was sich bei uns mit Erröten äußert.

Auf unsere biologische Ausstattung, unser Alter, Geschlecht und die Hautbeschaffenheit haben wir keinen Einfluß. Deshalb werden sich unsere Strategien in den nächsten Kapiteln auf die Beeinflussung unserer Psyche, unserer körperlichen Anspannung und unseres Verhaltens konzentrieren. Es gibt absolut keinen Grund zu verzagen. Wir haben mehr als genug Möglichkeiten, positiv auf unseren Körper und unsere Seele einzuwirken.

Was Sie sich merken sollten

★ Es gibt nicht DAS Erröten. Jeder Mensch hat seine ganz individuelle Weise, rot zu werden, und wird in ganz bestimmten Situationen rot, meist in Gegenwart anderer Menschen.

★ Wenn wir generell schnell ängstlich reagieren oder ohnehin schon sehr angespannt sind, ist die Chance größer, zu erröten.

★ Hauptursache für unsere Neigung zu erröten sind psychische Faktoren: ein traumatisches Erlebnis in der Kindheit, ein ängstlich-überbehütender oder abwertend-kritisierender Erziehungsstil, eine negative Einstellung zu uns und der Welt.

★ Haben wir nicht gelernt, wie man sich im Kontakt mit anderen selbstsicher verhält, kann dies eine starke innere Anspannung bewirken, die sich bei uns im Erröten niederschlägt.

Was würde sich in Ihrem Leben zum Positiven verändern, wenn Sie Ihr Erröten als Ihr persönliches Markenzeichen akzeptierten?

5
Das Rotwerden ist von uns selbst veranlaßt

Jawohl, Sie haben richtig gelesen. Das meine ich im vollen Ernst. Sie selbst rufen Ihr Erröten hervor. Es ist **Auftragsarbeit**. Obwohl diese Aussage zunächst ganz schön belastend sein mag - so als ob ich Ihnen die Schuld für Ihr Erröten geben wollte - verbirgt sich dahinter gleichzeitig eine riesige Portion Hoffnung. Wenn Sie Ihr Rotwerden selbst erzeugen und aufrechterhalten, bedeutet dies gleichzeitg auch, daß Sie Kontrolle darüber haben. Sie haben Einflußmöglichkeiten und sind nicht Opfer Ihres Körpers. Sie führen selbst Regie.

Ihr Körper - sofern keine körperliche Erkrankung vorliegt - wird gesteuert durch Ihr Gehirn. Ihr Körper ist nicht Ihr Feind, sondern Ihr Freund. **Ihr Erröten ist Folge Ihrer gedanklichen Bewertung als „Gefahr".** Sie bewerten eine Situation als gefährlich für sich und Ihr Körper reagiert vollkommen korrekt mit seiner Alarmreaktion. In Ihrem Falle äußert sich die Alarmreaktion u.a. im Erröten. Wir können diesen Zusammenhang im sog. **ABC der Gefühle** darstellen. Dabei bedeuten:

A: die **Situation**:
Was passiert? Was nehme ich wahr?

B: Ihre **Bewertung**:
Wie denke ich darüber? Ist es gefährlich für mich oder nicht?

C: Ihre **Gefühle, Körperreaktionen und Verhaltensweisen**:
Wie fühle ich mich, wie reagiert mein Körper, wie verhalte ich mich?

Lassen Sie uns einmal einen Blick auf die Situationen werfen, in denen Frau M. und Frau K. im Alter von 14 Jahren ihre allererste bewußte Erfahrung mit dem Rotwerden machten. So erging es Frau M.:

A: Situation:
Frau M. war auf dem Weg vom Einkaufen in die Wohnung und trug zwei schwere Plastiktüten mit Lebensmitteln. Auf der Straße waren viele Menschen unterwegs. Plötzlich riß der Henkel einer Plastiktüte und die Zehnerpackung Eier, eine Flasche Mineralwasser, dazwischen eine Tüte mit Brötchen und ein paar Bananen fielen auf den Gehweg.

B: Bewertung:
Frau M. liefen Gedanken durch den Kopf: Wie peinlich. Was denken die Leute von mir? Ich bin unfähig, eine Tüte zu tragen. Warum muß mir so was Dummes passieren.

C: Gefühle, Körperreaktionen und Verhalten:
Frau M. verspürte Scham, ihr Gesicht lief puterrot an. Sie sammelte, so gut und schnell es eben nur ging, die Scherben und Überreste ihres Einkaufs zusammen und eilte nach Hause.

Anders erging es Frau K. in einer ähnlichen Situation:

A: Situation:
Frau K. kam mit zwei Tüten beladen vom Einkauf. Auf der Straße waren viele Menschen unterwegs. Als der Henkel der einen Plastiktüte riß, ergoß sich der gesamte Inhalt nebst Eiern und Getränken über den Boden.

B: Bewertung:
Ärgerlich, alle Mühe vergebens. Jetzt muß ich nochmal in den Supermarkt gehen. Na ja, das nächste Mal nehme ich besser einen Einkaufskorb, der ist stabiler als eine Tüte.

C: Gefühle, Körperreaktionen und Verhalten:
Frau K. war zunächst verärgert und ein wenig verlegen. Dann überlegte sie sich, wie sie den Einkauf nochmals geregelt bekäme, und räumte den Gehweg frei.

An diesen Beispielen kann man gut sehen, daß wir in ein und derselben Situation mehrere Möglichkeiten haben, wie wir reagieren. Unsere Bewertung B bestimmt, wie wir uns fühlen, verhalten und wie unser Körper reagiert. Unser Körper reagiert genauso, wie wir es ihm auftragen: alarmiert, ruhig oder freudig. Das folgende Schaubild zeigt uns diesen Ablauf noch einmal im Überblick:

A: Situation

↓

B: Bewertung

negativ	**neutral**	**positiv**
Das ist schlimm gefährlich, peinlich schlecht, unverschämt. Das kann ich nicht aushalten.	weder gut noch schlecht Ich kann damit umgehen.	schön, angenehm Das tut mir gut, entspricht meinen Vorstellungen.

↓

C: Gefühle, Körperreaktionen und Verhalten

negativ	**neutral**	**positiv**
Angst, Ärger, Trauer, Eifersucht, Anspannung. Ich flüchte, vermeide, kämpfe	Ruhe, Gelassenheit, Zufriedenheit, Entspannung. Ich entscheide ruhig, was das Beste für mich ist	Freude, Liebe, Begeisterung, positive Erregung. Ich bleibe, wiederhole mein Verhalten

Sie können in dem ABC der Gefühle ganz klar und deutlich erkennen: **Mit der Bewertung eines Ereignisses legen wir automatisch fest, wie wir uns fühlen.** Steht die Bewertung „Gefahr" fest, laufen in unserem Körper unweigerlich die Alarmreaktion und Aktivierung ab. Wir bekommen Angst, Anspannung, Schweißausbrüche, Erröten, usw. Unsere Bewertungen können wir uns als inneres Selbstgespräch vorstellen. Wir nehmen sie automatisch und meist unbewußt vor. Wir spüren meist lediglich die Auswirkungen der Bewertungen bewußt: unsere Gefühle und unser Verhalten.

Die Bewertungen als solche lernen wir meist im Laufe unserer Kindheit. Unsere Eltern und nahen Bezugspersonen, die Geschwister, Mitschüler und Lehrer haben darauf Einfluß. Sie vermitteln uns anhand ihrer Reaktionen auf unser Verhalten, was erstrebenswert ist und was wir vermeiden sollten. In unserem Gehirn legen wir alle positiven und negativen Erfahrungen in einem Speicher ab. Jede auf uns zukommende Information bzw. Situation wird verglichen mit den Erfahrungen, die wir bereits mit ähnlichen Situationen gemacht haben. Je häufiger wir das Erröten als schlimm bewertet haben, desto stärker meiden wir Situationen, in denen wir wieder rot werden könnten, desto stärker glauben wir, immer wieder rot zu werden. Je schlimmer wir in einer Situation unser Rotwerden bewertet und erlebt haben, um so stärker meiden wir diese und ähnliche Situationen.

Meist prüfen wir die Erfahrungen, wenn sie einmal als negativ abgelegt sind, nicht mehr. Die negative Kategorie wird auch für die Zukunft beibehalten. Wir verallgemeinern unsere Erfahrung: *„Einmal rot geworden in einer Situation und als furchtbar erlebt, bedeutet, immer in dieser und ähnlichen Situationen rot werden und als furchtbar erleben".*

Schauen wir uns zusammen noch einmal ganz systematisch an, wie das Erröten entsteht und sich daraus die Furcht vor dem Erröten entwickelt:

1. Schritt:
Sie haben sich zunächst in einer Situation befunden, die Sie als peinlich, unangenehm, entwürdigend, entblößend, gefährlich, schrecklich ... bewertet haben. In dieser Situation sind immer andere Menschen zugegen. Diese Bewertung führte zum Erröten und weiteren Körperreaktionen. Das Erröten könnte an dieser Stelle auch durch rein körperliche Veränderungen ausgelöst worden sein.

2. Schritt:
Sie haben Ihr Erröten wahrgenommen und es als unerträglich, peinlich, gefährlich bewertet und sich darum gesorgt, daß andere Sie deshalb ablehnen und für unfähig halten könnten. Dadurch hat sich Ihr Erröten intensiviert. Sie verspürten Gefühle von Scham, Unsicherheit, Verlegenheit oder Angst. Sie wollten am liebsten flüchten.

3. Schritt:
Sie haben das Erröten als so beschämend, peinlich, schrecklich ... bewertet, daß Sie begannen, sich darum zu sorgen, ob es wieder auftreten könnte. Sie begannen, sich ständig zu beobachten, ob Sie wieder erröten könnten. Gleichzeitig haben Sie sich dieses Ereignis immer wieder im Geiste vor Augen geführt und damit die Häufigkeit des Errötens und die Furcht vor dem Erröten verstärkt. Sie begannen, sich dafür zu verurteilen, daß Sie erröteten. Sie begannen, Situationen zu meiden, in denen Sie glaubten, wieder zu erröten. Sie sind in einem Angstkreislauf gefangen:

Der Angstkreislauf

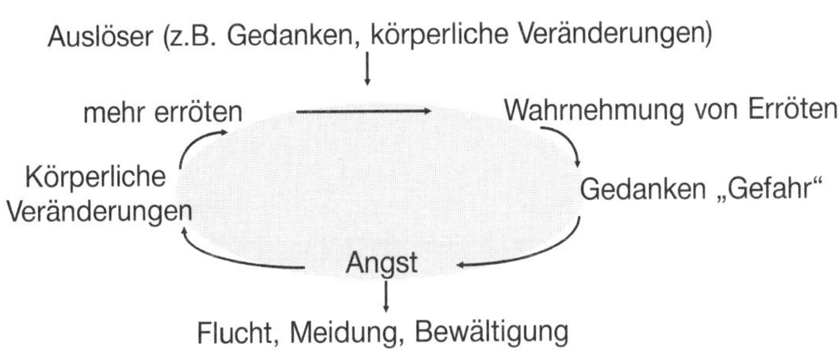

Hat sich die Furcht vor dem Rotwerden bei Ihnen ähnlich entwickelt? Dann haben Sie sicher bemerkt, daß zwei Bewertungen abgelaufen sind:

a) eine erste negative Bewertung, die dazu geführt hat, daß das Erröten überhaupt auftrat,

b) eine zweite negative Bewertung, die den Zustand des Errötens betraf. Sie haben Ihr Rotwerden als peinlich, schlimm, katastrophal oder entwürdigend bewertet. Folge davon war dann die mehr oder weniger bewußte Entscheidung, in Zukunft diese „Lebensgefahr", nochmals rot zu werden, zu vermeiden. Dies ist quasi die Geburtsstunde der Furcht vor dem Erröten.

Ihr Hauptproblem ist nicht die Tatsache, daß Sie erröten, sondern die negative Bewertung des Errötens und die damit einhergehende Furcht vor dem Erröten. Diese zweite Bewertung ist es also, die für die Furcht vor dem Erröten und Ihre Meidung verantwortlich ist und Ihnen so viel Leid verursacht.

„Ich bin inzwischen soweit, daß ich mich total zurückziehe und mich damit einenge, aus Angst, rot zu werden. Ich schäme mich dafür und es ist mir peinlich. Also versuche ich, jede Situation zu vermeiden, in der ich rot werden könnte. Aber leider ist es inzwischen schon so weit, daß es mir ständig passiert."

Wenn Sie das Erröten als etwas Lebensgefährliches bewerten, das Sie unter allen Umständen verhindern müssen, weil Sie sich selbst oder andere Sie ablehnen würden, muß Ihr Körper mit Furcht reagieren. Es ist seine biologisch angelegte Reaktion, Sie durch Furcht von Gefahren abzuhalten. Ihr Erröten zeigt an, daß die Verbindung zwischen Körper und Seele reibungslos funktioniert!

Sie selbst hatten wahrscheinlich bisher den Eindruck,

absolut keinen Grund zu haben, rot zu werden, und wurden dennoch rot. Dies verunsicherte Sie und gab Ihnen den Eindruck, hilflos und dem Körper ausgeliefert zu sein. Sie sahen sich als krank, verrückt, als Versager. Sie haßten sich für Ihre Körperreaktion. Jetzt können Sie erkennen, daß Ihr Körper Ihnen absolut gehorcht und nur Ihren Auftrag ausführt. Die Folgerung aus dieser Erkenntnis ist, daß Sie Ihren Auftrag korrigieren müssen. Sie müssen Ihre Bewertungen verändern, so daß Ihr Körper entspannt und gelassen bleibt.

Charakteristische Denkfehler, die das Erröten und die Furcht vor dem Erröten aufrechterhalten

Ganz typische Denkfehler führen dazu, daß wir unter unserem Erröten leiden. Unsere negativen Bewertungen sind unser Hauptproblem, denn sie bewirken in erster Linie das Erröten und verstärken es:

„Ich kann das nicht aushalten. Das wäre furchtbar."
Wir sehen das Erröten und die unserer Meinung nach sich daraus ergebende Ablehnung als Katastrophe.

„Sicher werde ich rot und alle werden mich auslachen."
Wir übertreiben die Wahrscheinlichkeit des Errötens und der Ablehnung.

„Die ganze Stadt wird erfahren, daß ich rot wurde und mich lächerlich gemacht habe." „Ich werde knallrot im Gesicht".
Wir übertreiben das Ausmaß der Katastrophe.

„Es war schrecklich, daß ..." „Es wäre schrecklich, wenn ..."
Wir wiederholen in Gedanken immer wieder die vergangenen negativen Erlebnisse und malen uns zukünftige negativ aus.

„Ich bin dumm, unfähig ...“
Wir unterschätzen unsere Fähigkeiten.

„Ich werde rot, deshalb bin ich ein Versager.“
Wir ziehen übertriebene Schlußfolgerungen.

„Ich darf auf gar keinen Fall rot werden, niemand darf meine Schwäche sehen.“
Wir stellen übertriebene Forderungen an uns.

Situationen, in denen Betroffene besonders häufig rot werden

Das Erröten tritt meist nur vor Publikum auf - dann wenn wir mit einem oder mehreren Menschen zusammen sind. Die Klienten meiner Praxis nennen mir am häufigsten folgende Situationen, in denen sie rot werden:

- wenn sie auf einen Fehler hingewiesen werden
- wenn sie ein Kompliment bekommen
- wenn ihnen aus ihrer Sicht etwas Peinliches passiert
- wenn sie im Mittelpunkt stehen
- wenn sie an einer Veranstaltung teilnehmen
- wenn sie angesprochen oder angesehen werden
- wenn sie vor einer Gruppe sprechen sollen
- wenn sie fremde Menschen ansprechen sollen
- wenn sie von einem Vertreter des anderen Geschlechts angesprochen werden
- wenn selbstbewußtes Auftreten erforderlich ist
- wenn sie eine Rede halten sollen

Alltagsstrategien, um die Furcht vor dem Rotwerden abzubauen

Wann immer wir etwas als gefährlich, unangenehm oder

schmerzhaft ansehen, setzen wir alles daran, den Schmerz zu beenden oder zumindest abzumildern und ihn in Zukunft zu vermeiden. Es ist deshalb nur naheliegend, daß wir auch den seelischen Schmerz, den wir infolge unseres Errötens verspüren, vermeiden wollen. Wir wollen verhindern, daß wir uns als Versager, gestört, von anderen abgelehnt oder ausgelacht, von uns selbst verurteilt und hilflos unserem Körper ausgeliefert erleben. Da wir meist nicht gelernt haben, wie wir unsere Körperreaktionen und Gefühle beeinflussen können, greifen wir zu Mitteln, die von außen kommen:

- Wir trinken Alkohol, um unsere Sorgen ums Rotwerden zu vergessen und unsere Unsicherheiten abzubauen.
- Wir nehmen Beruhigungsmittel, um uns zu entspannen, ruhiger zu werden und unsere Furcht vor dem Erröten nicht mehr zu spüren.
- Wir gehen zum Arzt und fragen, ob man das „krankhafte" Erröten operativ unterbinden kann.

Not und Leidensdruck machen erfinderisch und so suchen wir nach weiteren Strategien, das Erröten so selten wie möglich zu erleben:

- Wir analysieren sehr sorgfältig, in welchen Situationen wir rot werden könnten, und wir meiden von nun an diese Situationen. Unsere Meidung wird belohnt, indem das Erröten ausbleibt. Der Nachteil dabei ist, daß wir niemals lernen, mit dem Rotwerden angemessen umzugehen. Wir erleben nicht, daß das Erröten und eine mögliche Ablehnung ungefährlich sind. Wir erfahren nicht, daß das Rotwerden ganz von alleine wieder nachläßt. Und die Furcht vor dem Erröten breitet sich auf immer mehr Situationen aus. Wir können uns schließlich gar nicht mehr vorstellen, das Erröten überhaupt zu „überleben". Im Grunde machen wir einen schlechten Handel. Wir verspüren zwar keine Angst mehr, aber sind stattdessen unzufrieden und leiden unter der Unfähigkeit, am Leben teilzunehmen.

- Wir fliehen aus Situationen, in denen wir rot geworden sind, damit andere möglichst wenig von unserer „vermeintlichen“ Schwäche mitbekommen.
- Wir versuchen, uns einzureden, das Erröten sei nicht so schlimm, keiner würde es sehen.
- Wir legen ein dickes Make-up auf, unterlegen es mit grüner Camouflage-Paste oder lassen uns im Sonnenstudio tief dunkel bräunen.
- Wir versuchen, das Erröten zu vergessen.
- Wir versuchen, uns das Rotwerden zu verbieten: „Auf keinen Fall darfst du ... rot werden. In dieser Situation ... solltest du nicht erröten“.
- Wir greifen andere an, werden zynisch und lenken auf diese Weise von uns ab.
- Wir versuchen, uns abzulenken. Der Nachteil dabei ist, daß sich diese Ablenkungsmanöver sehr schnell zu zwanghaftem Verhalten entwickeln können.
- Wir sprühen uns Eisspray in den Nacken, um uns abzukühlen und die Röte schnellstmöglich abzumildern.
- Wir tragen Rollkragenpullover und Schals, um die roten Flecken am Hals und Nacken zu verbergen.
- Wir lassen uns die Haare lang wachsen oder tragen Sonnenbrille, um möglichst viel Gesichtsfläche abzudecken.
- Wir setzen uns bevorzugt in „dunkle Ecken“ und meiden allzu helles Licht.

Die meisten dieser Strategien funktionieren nicht oder nur unzureichend. Beruhigungsmittel und Alkohol führen zudem dazu, daß wir von ihnen abhängig werden können. Wir gelangen mit der Zeit zu der Ansicht, nur funktionieren zu können, wenn wir die Suchtmittel eingenommen haben. Wir benötigen immer mehr Suchtstoffe, um die gleiche Wirkung zu erzielen, da sich unser Körper an sie gewöhnt. Die Strategie der Meidung bringt uns dazu, daß sich unser Aktionsradius immer weiter einschränkt. Wir trauen uns immer weniger zu und ziehen uns immer mehr zurück. Am Ende stehen häufig Depressionen oder gar Selbstmordgedanken.

„Manchmal gehe ich auch wegen des Errötens nicht arbeiten, weil ich es fast nicht aushalte. Ich habe oft Selbstmordgedanken. Manchmal gehe ich über die Straße und denke, daß mich jetzt ein Auto überfahren sollte, damit ich erlöst bin."

Mit Verbieten und Willenskraft können wir das Erröten schon gar nicht verhindern. Im Gegenteil, es wird sogar noch häufiger und stärker auftreten, da unsere Aufmerksamkeit sich nur noch auf das Erröten oder Nichterröten konzentriert.

„Ich habe auch schon versucht, mein Erröten einfach zu ignorieren oder mir morgens vor dem Spiegel zu sagen: Du schaffst es, dein Rotwerden abzulegen. Aber leider ist genau das Gegenteil der Fall. Es wird immer schlimmer. Ich fürchte mich schon morgens vor dem Tag."

Vertuschungsmanöver durch Schal oder Make-up machen uns zu Sklaven dieser Utensilien. „Ohne" fühlen wir uns in akuter Lebensgefahr und getrauen uns nicht aus dem Haus. **All diesen Strategien ist gemeinsam, daß sie nicht an der Ursache ansetzen:** unserem negativen Selbstgespräch, das das Erröten auslöst, intensiviert und unsere Gefühle von Angst, Verzweiflung, Selbsthaß über das Erröten bewirkt.

Was Sie sich merken sollten

★ Sie haben Kontrolle über Ihr Rotwerden. Ihr Körper führt lediglich Ihren Auftrag aus. Sie bewerten ein Ereignis als gefährlich, peinlich, schlimm, unerträglich ... und Ihr Körper reagiert mit einer Alarmreaktion, mit Anspannung und Erröten.

★ Das Erröten ist nicht Ihr Hauptproblem, sondern Ihre negative Bewertung als schlimm, unerträglich, peinlich, eine Katastrophe, andere werden Sie deshalb ablehnen ... und die damit verknüpften negativen Gefühle. Diese negative Bewertung führt dazu, daß Sie Furcht vor dem Erröten entwickeln und die Situationen, in denen Sie erröten könnten, meiden.

★ Sie befinden sich in einem Angstkreislauf. Wenn Sie Ihr Erröten wahrnehmen und es als negativ bewerten, wird es noch intensiviert.

★ Meidung, Suchtmittel, Flucht, das Verbieten oder Verstecken des Errötens sind ungeeignete Mittel. Sie setzen nicht an den Ursachen des Errötens, Ihrem negativen Selbstgespräch, an.

★ Sie müssen nicht zwangsläufig leiden, sich ängstigen oder schämen, nur weil Sie erröten. Wenn Sie Ihre negativen Bewertungen korrigieren, wird Ihnen das Erröten weniger oder nichts mehr ausmachen, und Sie werden sich besser fühlen.

Ihr Erröten ist nur ein einziges Merkmal von Ihnen. Was gibt es sonst Positives über Sie zu berichten?

6
Es wäre schrecklich, wenn ...

Jeder, der das Rotwerden als etwas Schreckliches ansieht, will es auf alle Fälle vermeiden. Wir werden deshalb zu richtigen Wahrsagern, die prophezeien, wann es wieder auftreten könnte. Wir laufen durch den Alltag immer in Hab-Acht-Stellung: Wann könnte ich wieder Gefahr laufen zu erröten? Nur noch diese Frage kreist uns im Kopf herum. Jede Einladung und jeder Termin wird quasi durch die Brille gesehen: Besteht die Gefahr des Rotwerdens? Und damit entsteht bereits lange vor dem Termin Furcht und vielleicht erröten wir sogar schon bei dem Gedanken an den Termin.

„Ich lebe in ständige Erwartungsangst. Wenn ich auch nur an mein Rotwerden denke, werde ich schon rot. Wenn es mir einmal in Gegenwart anderer passiert, denke ich, es muß mir das nächste Mal wieder passieren.“ „Ich schäme mich entsetzlich für meinen roten Kopf. Ich kann dies einfach nicht akzeptieren und es belastet mein Leben. Ich rede mir bei gewissen Situationen schon vorher ein, wenn dich jemand anspricht, wirst du wieder rot, und dann ist das auch so.“

Je mehr wir uns in Gedanken mit dem Rotwerden beschäftigen, um so mehr Situationen verknüpfen wir mit dem Rotwerden und um so häufiger werden wir tatsächlich rot. Wir trainieren uns quasi an, in immer mehr Situationen zu erröten - je häufiger wir uns um das Erröten sorgen. Oder aber wir vermeiden immer mehr Situationen, weil wir unserer selbstproduzierten Furcht folgen.

Diese Entwicklung ist zwangsläufig und hat mit der Arbeitsweise unseres Gehirns zu tun:

- Unser Gehirn kann nicht unterscheiden, ob wir uns etwas nur in der Phantasie ausmalen oder ob wir es tatsächlich erleben. Dies bedeutet, daß jede Situation, in der wir uns ausmalen, daß wir rot werden könnten, auch so abgespeichert wird, als wären wir darin bereits rot geworden. Auch Situationen, in denen wir überhaupt noch nicht die Erfahrung des Errötens gemacht haben, können somit zu Situationen werden, bei denen unser Gehirn „Gefahr" bewertet und unser Körper mit Furcht und Erröten reagiert. Durch Katastrophenfilme, in denen wir uns ausmalen, wie wir erröten und uns andere auslachen oder wir vor Scham in den Erdboden versinken möchten, überzeugen wir uns innerlich quasi immer mehr, daß Rotwerden wirklich gefährlich sei.

- Indem wir uns immer wieder die negativen Erfahrungen mit dem Erröten in Erinnerung rufen, geben wir dem Erröten eine größere Bedeutung, als es ihm zukommt.

- Unser Gehirn kann keine Verneinungen entschlüsseln. Wenn wir uns immer wieder einbleuen: „Ich darf nicht rot werden", hört unser Gehirn quasi „Ich darf rot werden". Es ist für unser Gehirn viel zu kompliziert und langwierig, sich zu überlegen, was es sich, anstatt rot zu werden, vorstellen soll. Auch Gedanken wie „Es wäre schrecklich, wenn ich wieder rot werden würde" oder „Hoffentlich werde ich nicht rot", erzeugen Anspannung.

- Je mehr wir uns in Gedanken auf das Rotwerden konzentrieren, um so weniger nehmen wir unsere Stärken und Fähigkeiten wahr. Wir tun so, als ob unser Sein oder Nichtsein nur von dieser einen Körperreaktion abhinge.

- Wir praktizieren eine Art abergläubischen Verhaltens und

glauben: Je mehr wir uns um das Rotwerden sorgten, um so eher würde es verschwinden. Doch damit bewirken wir genau das Gegenteil, denn unser Körper reagiert entgegengesetzt: **Je mehr wir uns gedanklich mit dem Erröten und seiner „Gefahr" für uns befassen, um so ängstlicher und angespannter werden wir.** Und da wir bei Anspannung eher mit Erröten reagieren, erhöhen wir die Wahrscheinlichkeit für sein Auftreten.

Auf die Art der Wahrnehmung und Speicherung kommt es an

Wir alle erleben die Welt durch unsere fünf Sinne - sehen, riechen, hören, schmecken und fühlen. Der überwiegende Teil an Informationen erreicht uns über unser Gehör, unsere Augen und unsere Empfindungen. Dementsprechend verarbeiten und erinnern wir unsere Erfahrungen vorwiegend in Form von Bildern, Geräuschen und Empfindungen. Dabei entspricht die Wahrnehmung und innere Speicherung eines äußeren Ereignisses nicht genau dem, was tatsächlich geschehen ist, sondern ist vielmehr unsere ganz persönliche Darstellung. Wir wählen aus, worauf wir achten und was wir abspeichern. Es zählt aber nicht nur, was wir gespeichert haben, sondern auch, wie wir es gespeichert haben. Unser Gehirn hat dabei viele Variationsmöglichkeiten. Durch die Art der Wahrnehmung und Speicherung kann es die Intensität unserer Erfahrungen stärken oder abschwächen. Wir können uns das so vorstellen, als würden wir einen Film drehen. Als Regisseur können wir wählen, ob wir etwas aus der Nähe oder aus der Ferne aufnehmen. Wir können die Größe, Farbe, Helligkeit, Distanz, das Ausmaß der Bewegung im Bild variieren. Auch beim Ton haben wir viele Wahlmöglichkeiten: z.B. in Lautstärke, Tempo, Tonhöhe, Klangcharakter. Mit der Wahl der Elemente beeinflussen wir die Gefühle und das Verhalten der Zuschauer.

In unserem eigenen inneren Film bestimmen wir durch die einzelnen Elemente ebenfalls, wie wir uns fühlen und verhalten. Wir können auch wählen, ob wir unsere Erinnerung als Beobachter sehen oder so, als würden wir das Ereignis life als Teilnehmer nochmals erleben. Halten Sie einmal einen Moment inne und stellen Sie sich vor, Sie stehen vor einer riesengroßen Achterbahn. An Ihnen vorbei rauschen die Wagen. Sie hören die Angst- und Vergnügensschreie der Mitfahrer, wann immer ein Wagen sich mit schneller Geschwindigkeit nach unten bewegt. Nun stellen Sie sich vor, daß Sie in den Wagen, der gerade vor Ihnen hält, einsteigen. Die Fahrt geht los. Zunächst wird der Wagen langsam nach oben gezogen. Alles ist ganz geruhsam. Doch jetzt sehen Sie den Abgrund vor sich. Mit quietschenden Rändern rast der Wagen das steile Gleis hinunter. Sie spüren den Fahrtwind, Ihr Gesicht wird starr, der Magen verkrampft sich. Sie werden von der Schwerkraft auf Ihren Sitz gepreßt. Sie halten die Luft an. Unten angekommen können Sie sich wieder entspannen ...

Haben Sie den Unterschied bemerkt? Wenn wir uns ausmalen, daß wir uns mitten in der Situation befinden, werden unsere Gefühle intensiver.

Die breite Auswahl an Darstellungsmöglichkeiten des Gehirns ermöglicht es uns, unsere Gefühle, also auch unsere Furcht zu verstärken oder abzuschwächen. Bei den meisten Menschen nimmt die emotionale Intensität ab, wenn das Bild mehr und mehr verblaßt, kleiner und unscharf wird, die Geräusche und der Rhythmus abnehmen, wenn sie die Situation von außen beobachten. Schöne Erinnerungen werden verstärkt, wenn man sie direkt vor Augen führt, vergrößert, ihnen Schärfe und helle leuchtende Farben verleiht, sie dreidimensional macht, die Geräusche intensiviert, mehr Rhythmus und Bass zufügt, noch einmal in seinen Körper schlüpft und die gleichen Empfindungen erneut wachruft. Für unsere Furcht vor dem Erröten bedeutet dies, daß wir unsere Furcht abbauen können, indem wir unseren inneren Film neu drehen (s. Kap. 11). Und wenn wir weniger Furcht verspüren, fällt es uns natürlich um so leichter, unsere Meidung aufzugeben.

Was Sie sich merken sollten

★ Die Furcht vor dem Erröten erzeugen Sie selbst. Sie haben hundertprozentig Kontrolle über diese Furcht und die damit verbundenen Körperreaktionen.

★ Ihr Gehirn kann nicht unterscheiden, ob Sie sich etwas nur in der Phantasie ausmalen oder ob Sie es tatsächlich erleben.

★ Je häufiger Sie sich die Situationen, in denen Sie erröteten, in der Phantasie ausmalen, desto größer wird Ihre Erwartungsangst.

★ Je häufiger Sie sich die Situationen, in denen Sie erröteten, in der Phantasie ausmalen, desto wahrscheinlicher ist es, daß Sie in der nächsten ähnlichen Situation mit Erröten reagieren.

★ Mit dem Vorsatz „Ich darf nicht erröten“ erreichen Sie das Gegenteil von dem, was Sie von sich fordern. Sie werden um so leichter rot.

★ Wir alle haben unsere Erfahrungen in Form von Bildern, Geräuschen und Empfindungen gespeichert. Dabei entspricht unsere Wahrnehmung und innere Speicherung von einem äußeren Ereignis nicht genau dem, was tatsächlich geschehen ist, sondern ist vielmehr eine ganz persönliche Darstellung. Wir können unsere Furcht vor dem Erröten abschwächen, indem wir diese innere Darstellung verändern.

7
Zur Veränderung entschieden?

Wir sind kurz vor dem Ende von Teil I. Sie wissen jetzt, weshalb Sie erröten, und daß Sie Einfluß auf Ihr Erröten und die Furcht vor dem Erröten haben. Es bleibt für Sie zu entscheiden, ob Sie lernen möchten, anders mit dem Erröten umzugehen und all Ihre positiven Einflußmöglichkeiten auf Ihren Körper zu nutzen. Vielleicht wenden Sie ein „Das ist doch selbstverständlich, sonst hätte ich mir das Buch ja erst gar nicht gekauft“. Doch so selbstverständlich ist diese Entscheidung nicht. Es kommen mit dieser Entscheidung sowohl Kosten als auch Nutzen auf Sie zu, die wir zuvor noch genauer betrachten wollen.

Alle Menschen leben nach dem Prinzip, in ihrem Leben möglichst viele positive Erfahrungen zu machen (Nutzen) und negative möglichst zu vermeiden (Kosten). Was positiv und negativ für uns ist, bestimmt jeder von uns selbst. Häufig stimmen kurzfristiger und langfristiger Nutzen nicht überein. Was würden Sie auf die Fragen antworten: Welchen Nutzen und welche Gewinne bringt Ihnen die Furcht vor dem Erröten? Welche Gelegenheiten sind Ihnen entgangen oder haben Sie nicht voll ausgeschöpft aufgrund Ihrer Furcht (Kosten/Verluste)?

Beginnen wir mit dem Nutzen. Als kleinen Anhaltspunkt gebe ich Ihnen die Liste von Frau D., einer Klientin:

Nutzen: *Meine Furcht vor dem Rotwerden hilft mir dabei,*

- *das Erröten und damit Ablehnung und Auslachen durch andere zu verhindern, denn ich meide viele Situationen.*
- *mein Alleinsein zu rechtfertigen.*
- *als zurückhaltend, bescheiden und anspruchslos dazustehen.*
- *Konflikte mit anderen, die sich aus einem Gespräch ergeben könnten, zu vermeiden.*
- *mich vor Selbstvorwürfen zu schützen, im Gespräch etwas Falsches zu sagen, denn ich meide den Kontakt von vornherein.*
- *daß andere meine Minderwertigkeit nicht erkennen, denn ich meide es, im Mittelpunkt zu stehen.*
- *zu verhindern, daß andere mich ablehnen. Würde ich mir mehr zutrauen, würde ich anderen nicht mehr gefallen.*

Kosten: Meine Furcht vor dem Rotwerden schadet mir, weil

- *ich zunehmend den Kontakt zu den Menschen verliere.*
- *ich immer unsicherer werde und immer weniger gewohnt bin, mit anderen zusammenzusein.*
- *ich im Beruf viele meiner Fähigkeiten und Ideen nicht zeige und deshalb auch nicht eine meinen Fähigkeiten entsprechende Position innehabe.*
- *ich immer mehr Situationen meide.*
- *ich mich immer nur um mein Rotwerden sorge.*
- *ich nichts spontan tun kann.*
- *ich keinen Partner gefunden habe.*
- *ich Beruhigungstabletten nehme.*
- *ich oft sehr verzweifelt bin und an Selbstmord denke.*
- *ich viele Fragen nicht stelle und deshalb nicht vom Wissen anderer profitieren kann.*
- *ich mich kaum auf ein Gespräch konzentrieren kann, denn ich beschäftige mich immerzu mit meinem Erröten.*
- *mich andere nicht näher kennenlernen können, denn ich gehe ihnen wegen meines Errötens aus dem Weg.*
- *ich zu unrecht von anderen als unnahbar, kalt und arrogant angesehen werde.*

Frau D. fühlte sich hin- und hergerissen. Sie befand sich

in einem Konflikt. Einerseits wollte sie ihre Furcht vor dem Rotwerden unbedingt loswerden, andererseits hatte sie aber auch Angst vor den Konsequenzen. Sie lenkte ihren Blick besonders stark auf den Nutzen, den Sie mit der Furcht verband: *„Ohne Furcht gebe ich meine Meidung auf, werde erröten und deshalb abgelehnt werden, ausgelacht werden und mich als Versager fühlen. Das kann ich nicht aushalten".* Bevor sie sich für eine Veränderung entscheiden konnte, mußte sie sich noch deutlicher die Nachteile vor Augen führen, wenn sie weiterhin mit Furcht durchs Leben liefe. Sie mußte prüfen, ob die vermeintlichen Kosten einer Veränderung tatsächlich so hoch sind, und überlegen, wie sie diese verringern könnte. Und sie mußte sich vor allen Dingen darauf konzentrieren, wie viel positiver ihr Leben ohne Furcht vor dem Erröten verlaufen könnte.

Nun, liebe Leserin, lieber Leser, sind Sie an der Reihe. Im Augenblick sehen Sie höchstwahrscheinlich noch mehr Nachteile als Vorteile darin, Ihre Furcht vor dem Erröten aufzugeben. Sie glauben, wenn Sie Ihre Furcht aufgeben, dann wird Schlimmes passieren. Sie sehen es als Risiko an, neue Schritte zu wagen. **Um dauerhafte Veränderungen zu bewirken, müssen Sie Ihr früheres Verhalten, Ihre Meidung mit Nachteilen und Ihr neues Verhalten mit Vorteilen verknüpfen und zwar so lange, bis es fest verankert ist.** Je stärker Sie spüren, wie Ihre Furcht vor dem Erröten Sie leiden läßt, und je stärker Sie spüren, was Sie ohne diese Furcht alles Positive erleben können, desto mehr Kraft und Energie zur Veränderung werden Sie bekommen.

Beginnen wir also mit Ihren Kosten und lassen Sie sich auf eine kleine Vorstellungsübung ein. Wichtig ist, daß Sie sich ca. 20 Minuten Zeit für diese kleine Übung nehmen, die Sie auf keinen Fall unterbrechen sollten. Sie werden sich dabei wahrscheinlich unangenehm berührt, vielleicht auch verzweifelt und hoffnungslos oder wütend fühlen. Haben Sie dennoch den Mut, dabeizubleiben und die Übung zu

Ende zu führen. Es lohnt sich. Ziel der Übung ist es, daß Sie Ihre Angst vor der Veränderung abbauen und in sich Energie für die Veränderung wachrufen. Am einfachsten ist die Übung für Sie, wenn Sie sich den Text mit Pausen zum Nachdenken auf Band sprechen. Wenn nicht, lesen Sie ihn Absatz für Absatz durch, beantworten Sie die Fragen und malen sich aus, was Sie verpaßt haben und noch verpassen werden durch die Furcht vor dem Erröten. Lassen Sie einzelne Situationen wieder vor Ihrem geistigen Auge auferstehen und erleben Sie sie möglichst lebendig nach.

Übung

Atmen Sie tief ein und langsam wieder aus. Schließen Sie Ihre Augen, sofern Sie die Übungsanleitung auf Kassette gesprochen haben. Dann stellen Sie sich vor, wie viele **Nachteile** Sie durch Ihre Furcht vor dem Erröten bisher gehabt haben. Was ist der Preis, den Sie dafür bezahlten? Was ist Ihnen bisher durch Ihre Furcht vor dem Erröten entgangen?

Wie hat sich Ihre Furcht vor dem Erröten auf **Bekanntschaften**, Freundschaften und Ihre Partnerschaft ausgewirkt? Sind Ihnen Freundschaften entgangen? Haben Sie bisher keinen Partner gefunden? Wie viele Komplimente haben Sie nicht ausgesprochen, wie vielen Menschen Ihre Sympathie nicht gezeigt, wie viele anregende Unterhaltungen nicht geführt?

Welche Nachteile hat Ihnen Ihre Furcht vor dem Erröten **finanziell** gebracht? Konnten Sie wegen der Furcht vor dem Erröten nicht den Beruf wählen, die Beförderung wahrnehmen, die Sie sich wünschten? Sind Ihnen Geschäftskontakte entgangen, weil Sie Geschäftsessen und Veranstaltungen mieden? Sind Ihnen wichtige Informationen entgangen, weil Sie sich nicht getrauten, nachzufragen?

Wie hat sich Ihre Furcht vor dem Erröten auf Ihr **Selbstwertgefühl** ausgewirkt? Hat sie Ihr Selbstvertrauen gestärkt

oder geschwächt? Wie oft haben Sie sich dafür verurteilt, zu erröten? Wie oft haben Sie sich deprimiert und minderwertig gefühlt, weil Sie den Kontakt zu anderen mieden, weil Sie Ihre Interessen und Wünsche nicht vertreten haben?
Wie hat sich Ihre Furcht vor dem Erröten auf die Erziehung Ihrer **Kinder** ausgewirkt? Was konnten Sie Ihren Kindern nicht vorleben und weitergeben? Welche Hobbies und Interessen haben Sie nicht verfolgt, weil die Furcht vor dem Erröten Sie daran hinderte?
Wie häufig konnten Sie nicht **spontan** sein, mit anderen lachen, tanzen und gemeinsam etwas unternehmen, weil Sie Ihre Furcht behinderte? Spüren Sie, wie traurig, enttäuscht oder auch wütend Sie werden, wenn Sie sich diese Verluste vor Augen führen.

Nun malen Sie sich aus, welche Nachteile Ihnen Ihre Furcht vor dem Erröten in den **nächsten 5 Jahren** bringen wird, wenn Sie sich nicht ändern. Was wird Ihnen entgehen an Spaß, an Lebensfreude, an beruflichen und privaten Erfolgen, an Kontakten? Stellen Sie sich so lebendig wie nur möglich vor, wie eingegrenzt Ihr Leben weiterhin verlaufen wird. Was werden Sie weiterhin in Ihrem Leben vermissen? Wie einsam werden Sie sich fühlen?

Jetzt machen Sie einen Zeitsprung von **10 Jahren**. Wie sieht Ihr Leben in 10 Jahren aus, wenn Sie Ihre Furcht vor dem Erröten behalten? Welche Ihrer Lebensziele werden Sie nicht erreicht haben? Wie enttäuscht werden Sie von Ihrem Leben sein? Was werden Sie alles nicht getan haben, weil Sie Ihre Furcht vor dem Erröten behinderte? In welchen Bereichen wird Sie Ihre Furcht vor dem Erröten blockieren? In bezug auf Ihre Partnerschaft, Ihren Bekanntenkreis, Ihre Karriere, Ihre Interessen? Schauen Sie sich genau an, welchen Preis Sie für Ihre Furcht vor dem Erröten bezahlen. Ist es das wert?

Wenn Sie sich entscheiden, Ihre Furcht vor dem Erröten beizubehalten, werden Sie dieses Schicksal haben, wird Ihr Leben in diesen Bahnen verlaufen. Doch Sie haben Wahlmöglichkeiten. Sie können Ihre Furcht vor dem Erröten überwinden. Nichts von all dem, was Sie sich für die Zukunft ausgemalt haben, muß Ihnen passieren.

Kommen Sie nun in das Hier und Heute zurück. Öffnen Sie die Augen, sofern Sie das Band angehört und Ihre Augen geschlossen hatten. Strecken Sie sich und nehmen Sie einen tiefen Atemzug. Sie haben sich ein Schreckensszenarium vor Augen geführt und damit Ihren Wunsch, Unangenehmes zu meiden, gestärkt. Nichts von all dem ist bisher passiert. Die Zukunft steht Ihnen noch vollkommen offen.

Jetzt kommt der wesentlich attraktivere und angenehmere Teil der Übung. Lenken Sie Ihren Blick auf die Vorteile, den **Nutzen**, den Sie haben werden, wenn Sie die Furcht vor dem Erröten aufgeben und in die Situationen gehen, die Sie bisher gemieden haben. Sprechen Sie diesen Teil der Übung wieder auf Kassette oder beantworten Sie die Fragen abschnittsweise.

Setzen Sie sich hierzu in der Art und Weise hin, wie Sie sich setzen, wenn Sie einen Erfolg zu verbuchen haben. Sie fühlen sich absolut sicher, entschlossen und voller Energie. Sitzen Sie aufrecht. Ihr Kopf ist gerade, die Blickrichtung nach vorne. Legen Sie ein Lächeln auf Ihre Lippen. Ihr Füße ruhen beide fest auf dem Boden. Atmen Sie tief ein und langsam wieder aus. Sofern Sie die Anleitung auf Band gesprochen haben, schließen Sie Ihre Augen.

Stellen Sie sich nun vor, daß Sie bereits **5 Jahre ohne Ihre Furcht** vor dem Erröten gelebt haben. Was werden Sie gewonnen haben? Wo werden Sie stehen?
Wie viele neue **Kontakte** und Freundschaften werden Sie geknüpft haben?

Welche Ihrer bisher ungenutzten **Interessen** werden Sie verfolgt haben?
Wie wird sich Ihr **Selbstbewußtsein** gestärkt haben?
Wo werden Sie **beruflich** stehen, wenn Sie Einladungen annehmen, sich mit den Kollegen austauschen und Fortbildungsseminare besuchen?
Welche Anregungen werden Sie Ihren **Kindern** geben und vorleben können?
Wie wird sich Ihre Kontaktfreudigkeit auf Ihre **Finanzen** ausgewirkt haben?
Wie werden Sie sich **seelisch** und körperlich fühlen? Voller Energie, lebendig, dazugehörig?

Nun malen Sie sich aus, wie Ihr Leben **10 Jahre** von jetzt an aussehen wird, wenn Sie sich ohne Furcht im Kreise anderer bewegen können. Wie fühlen Sie sich, 10 Jahre voller Selbstvertrauen gelebt zu haben? Wie viel mehr Freude, Spaß und Spontaneität haben Sie im Leben? Spüren Sie, wie gut es sich anfühlt, in dieser Art zu leben. Malen Sie sich aus, wie Sie sich genau so verhalten, wie Sie es sich immer gewünscht haben. Spüren Sie, welch anderes Lebensgefühl Sie dann haben werden. Sie fühlen sich frei, können sich frei unter anderen Menschen bewegen, ohne Angst verreisen, voll freudiger Erregung auf Feste und Veranstaltungen gehen, sympathische Menschen ansprechen, Wünsche äußern, die eigene Meinung vertreten.

Kommen Sie nun in das Hier und Heute zurück. Öffnen Sie die Augen, sofern Sie diese geschlossen hatten. Entscheiden Sie jetzt: Wie wollen Sie in Zukunft weiterleben - ohne Furcht vor dem Erröten oder mit Furcht? Welchen Weg wollen Sie einschlagen? Nutzen Sie Ihre Energie, um dem positiven Ziel zuzustreben.

Nehmen Sie nun gleich Ihr Tagebuch zur Hand und entwerfen Sie Ihre Zukunft. Sie brauchen im Augenblick noch nicht wissen, wie Sie all dies erreichen, sondern nur, daß Sie es erreichen wollen. Falls Sie sich dafür entscheiden, Ihre Furcht vor dem Erröten zu überwinden, notieren Sie möglichst viele Ihrer positiven Gründe, weshalb Sie dies erreichen wollen:

> Ich möchte auf alle Fälle daran arbeiten, meine Furcht vor dem Erröten zu überwinden, weil ich dadurch **gewinne**, daß
>
> ....

Sie können Ihre Furcht vor dem Erröten getrost aufgeben. Sie brauchen sie nicht zum Schutz vor Ablehnung, Kritik usw. In Teil II werden Sie erfahren, wie Sie mit möglicher Ablehnung, mit Konflikten, Selbstvorwürfen und Minderwertigkeitsgefühlen umgehen können. Ihnen stehen andere Strategien zur Verfügung, um sich zu schützen.

Was Sie sich merken sollten

★ Ihre negative Bewertung des Errötens und die sich daraus ergebende Furcht vor dem Erröten bringt Ihnen Vor- und Nachteile in Ihrem Leben.

★ Je stärker Sie verspüren, wie Ihre Furcht vor dem Erröten Sie leiden läßt, und je stärker Sie spüren, was Sie ohne diese Furcht alles Positive erleben können, desto mehr Kraft und Energie zur Veränderung werden Sie haben.

Teil II
Strategien der Bewältigung

„Ärmel hochkrempeln und umsetzen“, heißt unsere Devise für Teil II. Ein ganzes Füllhorn hochwirksamer Strategien erwartet Sie, mit denen Sie Ihre Gefühle und Ihre Körperreaktionen beeinflussen können. Auch bisher hat Ihr Körper auf Ihr Kommando gehört, jedoch haben Sie ihm die falschen Anweisungen gegeben - nämlich diejenigen, die zu Furcht, intensivem Erröten und Anspannung geführt haben. Jetzt können Sie Strategien lernen, die Ihren Körper entspannen und Ihre Gefühle angenehmer machen. Sie werden erfahren, wie hilfreiche Selbstgespräche aussehen, wie Sie Anspannung abbauen, Ihr Selbstvertrauen aufbauen und Ihre Meidung aufgeben können.

Verschaffen Sie sich erst einmal einen Überblick über die einzelnen Methoden und entscheiden Sie dann, welche Strategien Sie zuerst erproben möchten. Sie können ganz sicher die Strategien finden, die Ihrem Erröten und Ihrer Furcht am ehesten den Garaus machen.

Noch eine gute Nachricht gleich zu Beginn:
Sie benötigen für Ihre Veränderung:

- die Fähigkeit, Ihre Körperreaktionen, Ihre Gefühle und Ihr Verhalten zu steuern, und
- die Fähigkeit, Ihre Gedanken und Phantasien zu kontrollieren.

Und diese beiden Fähigkeiten besitzen Sie bereits.

Nicht immer wird es Ihnen gelingen, das Rotwerden bereits am Entstehen zu hindern. Doch auch dann haben Sie noch großartige Einflußmöglichkeiten:

Sie können bestimmen,
- ob Sie es weiter verstärken oder abschwächen,
- ob Sie sich dafür verurteilen oder es akzeptieren,
- ob Sie Situationen, die Ihnen Freude machen könnten, vermeiden oder sich in sie hineinbegeben,
- ob Sie aus der Situation flüchten oder Ihre Aufmerksamkeit auf Ihre Ziele richten,
- ob Sie Ihren Blick auf Ihre Stärken statt Ihre Schwächen lenken,
- ob Sie der möglichen Ablehnung anderer viel Einfluß auf Ihr Leben einräumen oder die Ablehnung lediglich als Meinung anderer ansehen.

Sie besitzen bereits alle Fähigkeiten, Ihr Erröten und die Furcht vor dem Erröten zu beeinflussen.

8
Ich verstehe, weshalb ich mich so fühle und verhalte!
Wo Sie jetzt im Augenblick stehen

Sie profitieren am meisten von den folgenden Kapiteln, wenn Sie beim Lesen Ihre Gedanken, Gefühle und Körperreaktionen beim Rotwerden genau vor Augen haben. Ich habe Ihnen einen kleinen Fragebogen zusammengestellt, der Ihnen bei Ihrer Entdeckungsreise behilflich ist. Er ist lediglich für Sie bestimmt und gibt Ihnen einen Eindruck von Ihren derzeitigen Gefühls- und Verhaltensmustern. Sie können ihn auch später immer einmal wieder ausfüllen, um Fortschritte besser zu erkennen. Kreuzen Sie die auf Sie zutreffenden Alternativen in der Klammer ( ) an und schreiben Sie Ihre Erfahrungen in Satzform nieder, wo sie erfragt werden.

Meine Erfahrungen mit dem Erröten

1. Wie stark ist Ihr Erröten in der letzten Zeit?
extrem stark ( ) sehr stark ( ) stark ( ) etwas ( ) kaum ( )

2. Wie stark leiden Sie unter Ihrem Erröten?
extrem stark ( ) sehr stark ( ) stark ( ) etwas ( ) kaum ( )

3. Wie oft erröten Sie?
täglich ( ) fast jeden Tag ( ) 2–3mal die Woche ( )
einmal die Woche ( ) zweimal im Monat ( )
bis zu einmal im Monat ( )

4. In welchen Körperregionen erröten Sie?

....

5. Was ist Ihrer Meinung nach die Ursache Ihres Errötens?
Sie können mehrere Alternativen ankreuzen.
Angst vor Ablehnung ( )
Mangel an Selbstvertrauen ( )
Mangel an sozialen Fertigkeiten wie ....
andere Gründe wie ....

6. Erröten Sie, wenn Sie alleine sind?
ja ( ) nein ( )

7. In welchen Situationen reagieren Sie mit Erröten? Bitte kreuzen Sie alle zutreffenden Punkte an.

- in großen Gruppen ( )
- in Situationen, in denen andere Menschen zugegen sind ( )
- in kleinen Gruppen ( )
- wenn ich einer Person des anderen Geschlechts begegne ( )
- wenn ich mit einer Autoritätsperson oder einem Vorgesetzten zu tun habe ( )
- wenn ich etwas reklamieren, fordern oder kritisieren soll ( )
- wenn ich im Mittelpunkt stehe, einen Vortrag halte, vorgestellt werde ( )
- wenn ich bewertet, kritisiert oder verglichen werde ( )
- wenn ich Menschen begegne ( )
- wenn ich mit unbekannten Menschen zu tun habe ( )
- wenn ich vertrauten Menschen begegne ( )
- wenn ich angesprochen oder angesehen werde ( )
- wenn ich gelobt werde ( )
- wenn mir etwas Peinliches passiert ( )
- andere Situationen ....

8. Was geht Ihnen durch den Kopf, bevor Sie erröten?
....

9. Verspüren Sie, wenn Sie erröten, noch andere körperliche Reaktionen? ....

10. Was geht Ihnen durch den Kopf, nachdem Sie errötet sind? Kreuzen Sie alle zutreffenden Alternativen an:

- finde es ganz normal zu erröten ( )
- konzentriere mich darauf, was ich will ( )
- konzentriere mich auf das Erröten, wie stark es ist ( )
- verurteile mich und komme mir minderwertig und dumm vor ( )
- denke, die Situation ist schrecklich, ich will raus ( )
- mache mir Gedanken, was die anderen denken, daß sie mich ablehnen oder nicht ernst nehmen könnten ( )
- fordere, daß das Erröten endlich aufhört ( )
- lenke mich ab, denke an andere Dinge, die ich tun könnte ( )
- frage mich, wie ich die Situation retten kann, welchen Einfluß ich auf die Meinung anderer nehmen könnte ( )
- flüchte aus der Situation ( )
- andere Strategien ....

11. Welche negativen Folgen hat das Erröten für Sie bisher gehabt? Kreuzen Sie alle zutreffenden Alternativen an:

- keine negativen Folgen ( )
- habe wenig oder keine Kontakte ( )
- fühle mich einsam ( )
- meide soziale Situationen ( )
- trinke Alkohol ( )
- nehme Beruhigungstabletten ( )
- bin depressiv ( )
- komme beruflich nicht voran ( )
- habe keinen Partner ( )
- setze mich nicht durch ( )
- äußere meine Meinung und Wünsche nicht ( )

- werde als arrogant und unnahbar angesehen ( )
- werde immer unsicherer und ängstlicher ( )
- grüble immer mehr über mein Rotwerden und Versagen nach ( )
- kann nichts spontan tun ( )
- kann mich schlecht konzentrieren ( )
- habe meine Stelle verloren ( )
- habe psychosomatische Beschwerden ( )
- andere können mich nicht näher kennenlernen, da ich Nähe meide ( )
- stelle keine Fragen und kann nicht vom Wissen anderer profitieren ( )
- habe Selbstmordgedanken ( )
- andere negative Konsequenzen ....

....

12. In welcher Situation haben Sie das **allererste Mal** Ihr Erröten bewußt erlebt und als negativ angesehen? Beschreiben Sie die Situation. Wer war dabei? Wie haben Sie Ihr Erröten bewertet? Wie haben Sie sich gefühlt? Ordnen Sie das Erlebnis am besten gleich in das ABC der Gefühle (s. Kap. 5) ein. Anfangs kann es Ihnen etwas Schwierigkeiten machen, Ihre Gedanken herauszufinden, weil Sie nicht darin geübt sind. Stellen Sie sich dann einfach die Frage: Was mußte ich denken, um mit Anspannung und Erröten zu reagieren? Was habe ich als gefährlich an dieser Situation gesehen?

A: Situation: In welcher Situation? Wer war dabei? (z.B. *Ich sollte vor meinen Großeltern ein Gedicht aufsagen und es fiel mir nicht ein*)

B: Bewertung: Was ging Ihnen damals durch den Kopf? (z.B. *Entsetzlich! Blamage! Die denken, ich bin dumm*)

C: Gefühle, Körperreaktionen und Verhalten: Wie haben Sie sich gefühlt? Wie hat Ihr Körper reagiert? Wie haben Sie sich verhalten?
(z.B. *Scham, Erröten, Angst, habe Kopf gesenkt und geweint*)

13. Hat jemand in dieser Situation dazu beigetragen, daß Sie sich besser oder schlechter fühlten? Wer? Womit?
(z.B. *meine Großmutter; sie sagte: „Mädchen, du brauchst doch nicht rot werden und gleich losweinen“*)

14. Was hat sich **nach** diesem ersten Erlebnis in Ihrem Leben verändert?
(z.B. *Ich habe nie mehr ein Gedicht aufgesagt und vor anderen gesprochen; habe Angst vor dem Erröten bekommen*)

15. Haben Sie diese Entscheidungen im Laufe der Jahre verändert oder beibehalten?

16. Welche Situationen meiden Sie **heute**?
(z.B. *im Mittelpunkt stehen; Rede halten; reden, wenn mehrere zuhören*)

17. Welche Strategien haben Sie bisher eingesetzt, um Ihr Rotwerden zu beeinflussen oder zu verhindern?
(z.B. *trinke ein Gläschen Sekt, bevor ich auf eine Einladung gehe*)

18. Gibt es Situationen, in denen Sie absolut sicher sind, nicht zu erröten?
(z.B. *wenn ich mich mit guten Freunden unterhalte, wenn ich alleine bin*)

19. Haben Sie für sich eine Erklärung, weshalb Sie in diesen Situationen nicht erröten? Welche andere Einstellung haben Sie in diesen Situationen?
(z.B. *Ich bin sicher, daß sie mich mögen*)

Zu verstehen, weshalb man in einer bestimmten Weise reagiert, ist der erste Schritt zur Veränderung.

9
Ich fühle meine Anspannung - und lasse sie los!

Wie Sie Ihre körperliche Anspannung abbauen können

Erröten tritt sehr häufig als Begleiterscheinung von Angst auf. Angst entsteht, wenn wir eine bestimmte Situation als bedrohlich, unmittelbar bevorstehend, äußerst wahrscheinlich und besonders verheerend einschätzen und unsere Fähigkeiten, mit der Gefahr umzugehen, als minimal ansehen. Immer auch damit einher gehen ganz automatisch Muskelanspannung und eine Beschleunigung des Atemrhythmus oder ein Anhalten des Atems. Da wir nicht gleichzeitig Angst verspüren und uns entspannen können, können wir der Angst entgegenwirken, indem wir unsere Muskeln bewußt entspannen und langsamer atmen. Je weniger Angst und Anspannung wir haben, desto weniger reagieren wir mit Erröten und desto schneller nimmt die Röte wieder ab. Ganz besonders effektiv sind die Atemtechniken und das Muskelentspannungsverfahren, die ich Ihnen nun vorstellen möchte, wenn Sie diese gleich bei den ersten Anzeichen von Anspannung einsetzen.

Zwei wirkungsvolle Atemtechniken

Es gibt viele unterschiedliche Atemtechniken. Ich möchte Ihnen zwei vorschlagen, die ohne allzuviel Übung und Zeitinvestition gut funktionieren. Sie reduzieren durch diese Atemtechniken die Sauerstoffzufuhr und Ihr Körper hat weniger Energie zur Anspannung. Außerdem lenken Sie sich von Ihren Angstgedanken ab, indem Sie sich auf Ihren Atem bzw. das neutrale Zählen konzentrieren. Beide Techniken sind besonders dazu geeignet, die Anspannung abzubauen, bevor Sie in eine Situation gehen, bei der Sie bisher mit Erröten und Furcht reagiert haben. Sie können damit ganz gezielt ein Gefühl der Entspannung in Ihrem Körper erzeugen. Weniger Anspannung bedeutet auch gleichzeitig ein angenehmeres Gefühl und eine geringere Neigung zum Rotwerden. Die Atemtechniken helfen auch dabei, daß die Röte schneller wieder abklingt.

Anleitung zur Bauchatmung

Legen Sie Ihre Hand flach 2 cm unterhalb des Nabels auf die Bauchdecke. Atmen Sie tief ein und stellen Sie sich vor, wie der Atem langsam bis hinunter zu Ihrer Hand fließt und schließlich Ihre Hand hochatmet. Dann stellen Sie sich vor, wie der Atem langsam wieder über den Brustraum zurück über die Nase nach außen entweicht, und konzentrieren sich darauf, wie die Hand wieder nach unten sinkt. Wiederholen Sie diese Technik mehrere Minuten.

Üben Sie die Bauchatmung am besten zunächst morgens vor dem Aufstehen und abends vor dem Schlafengehen im Liegen. Wenn das klappt, gehen Sie zur Übung im Stehen und dann erst zur Übung im Sitzen über. Den meisten Menschen fällt die Bauchatmung im Sitzen nämlich am schwersten. Führen Sie die Bauchatmung täglich zwei- bis dreimal durch. Mit zunehmender Erfahrung und Übung brauchen Sie die Hand nicht mehr auf Ihren Bauch zu legen, sondern spüren auch so, wann der Atem im Zwerchfell angekommen ist und Sie in die Tiefe des Körpers atmen. In Situationen, in denen Sie Streß, Angst und Anspannung verspüren, können Sie die Bauchatmung dann sofort einsetzen und eine Entspannung auslösen - also nicht nur in Situationen, in denen Sie sich um Ihr Rotwerden sorgen.

Anleitung zur Spontanentspannungs-Technik

Atmen Sie etwas tiefer ein, als Sie das gewöhnlich tun. Dann atmen Sie in einer Bewegung wieder aus, ohne den Atem nach dem Einatmen anzuhalten. Wenn Sie ausgeatmet haben, halten Sie Ihren Atem für ca. 6 - 10 Sekunden an. Finden Sie selbst heraus, welche Zeit für Sie am angenehmsten ist. Zählen Sie in Gedanken von 1001 - 1006 oder 1010 (eintausendundeins ... eintausendundsechs). Nachdem Sie den Atem angehalten haben, atmen Sie wieder ein, atmen in einer Bewegung wieder aus, ohne den Atem anzuhalten, und halten ihn dann für weitere 6 bis 10 Sekunden an. Wiederholen Sie diese Atemübung für 2 - 3 Minuten bzw. solange, bis Sie sich deutlich entspannter fühlen.

Auch die Spontanentspannungs-Technik sollten Sie zunächst täglich in Ruhe und ohne Erregung am besten morgens vor dem Aufstehen und abends vor dem Einschlafen üben. Dann haben Sie sie auch in Streßsituationen automatisch parat, ohne sich lange besinnen zu müssen, wie sie eigentlich geht.

Die Progressive Muskelentspannung

Unsere Bewertung „Gefahr“ läuft blitzschnell ab und ebenso schnell spannen sich unsere Muskeln an. Meist sind wir uns unserer Anspannung gar nicht bewußt, mit der wir den ganzen Tag umherlaufen. Die Progressive Muskelentspannung kann uns zum einen dabei helfen, Muskelanspannung schneller oder überhaupt zu verspüren. Zum anderen können wir lernen, einzelne Muskelgruppen gezielt zu entspannen. Die Progressive Muskelentspannung können Sie einsetzen, um die Angst vor dem Erröten und vor bestimmten Situationen im vorhinein abzubauen, so daß Sie entspannter in die Situation gehen können und die Wahrscheinlichkeit zu erröten reduziert wird. Auch dann, wenn Sie erröten, können Sie sich die Progressive Muskelentspannung in Kurzform zunutze machen.

Die Technik der Progressiven Muskelentspannung wurde von Jacobson entwickelt. Sie beruht auf der wechselseitigen Anspannung und Entspannung der Muskulatur. Im Gegensatz zum Autogenen Training sind Sie bei dieser Form der Entspannung aktiv dabei. Wenn Sie das Autogene Training oder Yoga beherrschen, können Sie auch diese Strategien zur Entspannung einsetzen. Indem Sie bei der Progressiven Muskelentspannung Ihre Muskeln bewußt entspannen, beruhigen Sie das autonome Nervensystem und ersetzen Ihre Angstgefühle durch Gefühle der Ruhe und Entspannung. Freilich benötigen Sie für diese Form der Entspannung mehr Übung und anfangs auch mehr Zeit. Das langfristige Ziel ist jedoch auch hier, die Entspannungsreaktion in kritischen Situationen schnell abrufen zu können. Fragen Sie, falls Sie Kreislaufprobleme haben, Ihren Arzt, ob diese Entspannungsübung für Sie geeignet ist.

Anleitung zur Progressiven Muskelentspannung

Nehmen Sie sich 20 - 30 Minuten Zeit. Suchen Sie sich zum Entspannen einen ruhigen Raum aus, wo Sie ungestört im Liegen oder in einer bequemen Sitzhaltung Ihre Entspannungsübung durchführen können. Dämpfen Sie unter Tage das Licht ein wenig ab.
Machen Sie nun einige tiefe Atemzüge ein und aus und

lassen Sie Ihren Körper locker und angenehm schwer werden. Spannen Sie nun nacheinander jeden einzelnen Muskel Ihres Körpers etwa 5 Sekunden lang an - gerade so stark, daß Sie ein leichtes Ziehen verspüren und ein deutliches Gefühl für die Lage der Muskeln haben; es soll nicht zu einer Verkrampfung kommen. Dann lösen Sie die Spannung wieder, ohne sich viel dabei zu bewegen. Machen Sie sich etwa 10 Sekunden lang das Gefühl der Entspannung bewußt. Wiederholen Sie Anspannung - Entspannung, wenn Sie die Entspannung nicht gleich beim ersten Mal empfinden. Während Sie die jeweiligen Muskeln anspannen, versuchen Sie alle anderen Muskeln so entspannt wie möglich zu halten. Beginnen Sie nun mit der rechten Faust.

1. Ballen Sie die rechte Faust, zählen Sie langsam von 1 bis 5, dann lassen Sie die Spannung los. Genießen Sie das Gefühl der Entspannung. (10 sek.)
2. Nun ballen Sie die linke Faust, zählen langsam von 1 bis 5 und dann lassen Sie wieder locker.
3. Nun spannen Sie die Oberarmmuskeln (Bizeps). Beugen Sie dabei die Unterarme, daß sie im rechten Winkel zum Oberarm stehen. Dann entspannen Sie wieder.
4. Spannen Sie nun die Unterarmmuskeln (Trizeps), indem Sie mit den Handflächen flach auf die Unterlage drücken, dann entspannen Sie wieder.
5. Runzeln Sie nun die Stirn. Öffnen Sie die Augen dabei ganz weit. Ziehen Sie die Augenbrauen hoch, so daß Querfalten auf der Stirn entstehen, dann entspannen Sie wieder.
6. Ziehen Sie nun die Augenbrauen zusammen, sodaß eine senkrechte Falte über der Nase entsteht - dann entspannen Sie wieder und glätten die Stirn.
7. Nun kneifen Sie die Augen ganz fest zusammen und zählen langsam von 1 bis 5, dann entspannen Sie wieder.
8. Pressen Sie nun die Lippen aufeinander, ohne die Zähne

zusammenzubeißen, dann entspannen Sie wieder.

9. Nun drücken Sie mit der Zunge gegen den Gaumen, dann entspannen Sie wieder und lassen die Zunge locker im Mund liegen.
10. Beißen Sie nun die Zähne zusammen und entspannen dann wieder.
11. Drücken Sie nun den Nacken fest gegen die Unterlage oder nach hinten, dann entspannen Sie wieder.
12. Pressen Sie nun das Kinn fest auf die Brust, dann entspannen Sie wieder.
13. Ziehen Sie nun die Schultern hoch bis zu den Ohren, dann lassen Sie sie wieder fallen und entspannen sich.
14. Nun drücken Sie die Schulterblätter nach hinten zur Wirbelsäule hin zusammen, dann entspannen Sie wieder.
15. Nun atmen Sie tief ein, daß sich der Brustkorb wölbt. Halten Sie nun den Brustkorb so und atmen nur flach weiter. Dann lassen Sie den Brustkorb zusammenfallen und entspannen sich wieder.
16. Nun drücken Sie den Bauch heraus und halten ihn eine Weile, während Sie weiter atmen. Dann ziehen Sie den Bauch ein und entspannen wieder.
17. Wenn Sie in der Liegeposition sind, heben Sie nun das Gesäß ab und machen Sie ein Hohlkreuz. Beim Sitzen spannen Sie nur die Gesäßmuskeln zusammen, dann entspannen Sie wieder.
18. Spannen Sie die Oberschenkel an, indem Sie so tun, als ob Sie mit den Knien etwas wegdrücken wollten. (Wenn Sie liegen, müssen Sie die Beine erst anziehen und aufstellen). Dann entspannen Sie wieder.
19. Spannen Sie die Unterschenkel an, indem Sie die Füße nach unten auf die Unterlage drücken, dann entspannen Sie wieder.
20. Spannen Sie die Unterschenkel an, indem Sie die Füße nach oben ziehen.

Bleiben Sie nun noch einige Minuten ganz ruhig liegen und genießen Sie die Entspannung. Gehen Sie in Gedanken noch einmal alle Muskelgruppen durch und lockern Sie sie weiter. Fragen Sie sich: „Fühle ich noch Anspannung im Schulterbereich, fühle ich noch Anspannung im Gesäßbereich, fühle ich noch Anspannung im ...? Dann zählen Sie rückwärts von vier bis eins. Bei eins sagen Sie sich: „Ich fühle mich erfrischt, hellwach und ruhig", und stehen auf.

Atmen Sie bei der Übung tief, langsam und gleichmäßig aus und ein. Denken Sie am Ende der Übung beim Einatmen das Wort „ganz", beim Ausatmen das Wort „ruhig". Störende Gedanken lassen Sie vorüberziehen, indem Sie sich wieder auf die Entspannung konzentrieren. Später, nach der Entspannungsübung können Sie sich eingehend damit beschäftigen. Für manche Menschen ist es auch hilfreich, sich eine schöne angenehme Situation vorzustellen, statt die Worte „ganz ruhig" zu denken.

Führen Sie die Entspannungsübung täglich durch und beobachten Sie, wie Ihnen die Entspannung immer besser gelingt. Nutzen Sie dabei immer die gleichen Worte (ganz ruhig) oder die gleiche Phantasie als Signal zur Entspannung. Mit der Zeit werden schon die Worte „ganz ruhig" oder die Vorstellung der angenehmen Situation eine Entspannung auslösen. Sie werden immer schneller in einen entspannten Zustand gelangen, denn Sie haben Ihrem Körper eine neue Gewohnheit beigebracht, nämlich auf die Signale „ganz ruhig" oder auf ein angenehmes Bild mit Entspannung zu reagieren. In von Ihnen als bedrohlich bewerteten Situationen müssen Sie sich dann lediglich an das Bild oder die Worte erinnern und schon kommt automatisch die Entspannung. Wenn Sie möchten, sprechen Sie die Übung auf Band oder aber kaufen Sie sich eine der im Handel erhältlichen Kassetten. Auf meiner Kassette ‹Tiefenentspannung nach Jacobson› (s. Anhang) finden Sie z.B. eine Kurzform der Progressiven Muskelentspannung nach Jacobson (Dauer 20 Min.) und eine Phantasiereise. Beide Seiten sind mit klassischer Musik untermalt.

Der Einfluß der Körpersprache

Unsere Körpersprache und unsere Gefühle hängen unmittelbar miteinander zusammen. Unsere Gefühle äußern sich in unserer Körpersprache. Sind wir beispielsweise depressiv, dann lassen wir den Kopf hängen, sprechen langsam und leise, bewegen uns verlangsamt und kraftlos. Auch Angst schlägt sich in unserer Mimik, Gestik, Körperhaltung, in unserem Blickkontakt und der Stimme nieder. Wir ziehen den Kopf ein, bekommen einen starren Blick, sprechen hektisch oder stottern, verkrampfen uns, spannen die Kiefermuskeln an, atmen schneller oder halten den Atem an, unsere Bewegungen werden fahrig oder erstarren, wir laufen unruhig hin und her oder spielen nervös mit den Fingern, usw. Fühlen wir uns dagegen selbstbewußt, zeigen wir ausladende Bewegungen, stehen fest mit unseren Füßen auf dem Boden, sprechen mit lauterer und schnellerer Stimme, haben einen erhobenen Kopf, eine aufrechte Körperhaltung, nehmen Blickkontakt auf, usw.

Wir können umgekehrt unsere Gefühle beeinflussen, indem wir unsere Körpersprache ändern. Wenn Sie sich deprimiert fühlen, können Sie Ihre trübe Stimmung alleine dadurch aufhellen, daß Sie sich anders bewegen: die Schultern nach hinten nehmen, den Kopf aufrichten und den Blick geradeaus lenken, lächeln, sich schneller bewegen, usw. Für unsere Angst bedeutet dieses Zusammenspiel zwischen Körpersprache und Gefühlen: Nehmen wir eine ängstliche Körperhaltung ein, werden wir auch Angst verspüren und uns auch dementsprechend verhalten. Wollen wir die Furcht vor dem Rotwerden abbauen, müssen wir eine selbstsichere Körpersprache einsetzen.

Wie sieht Ihre selbstsichere Körpersprache aus?

Rufen Sie sich möglichst lebendig eine Situation in Erinnerung, in der Sie sich vollkommen sicher, souverän, unerschütterlich und selbstbewußt gefühlt haben. Stellen Sie sich vor, Sie durchleben diese Situation nochmals life. War in dieser Situation jemand anwesend oder waren Sie allein? Was haben Sie gesehen und gehört? Was haben Sie in dieser Situation gedacht? Was haben Sie gespürt? Wie haben Sie in dieser Situation gestanden und geatmet: schnell, flach oder langsam und tief? Wie war Ihr Gesichtsausdruck? Haben Sie gelacht oder ernst geschaut, haben Ihre Augen gestrahlt? Wie war Ihre Gestik? Haben Sie die Arme ruhig hängenlassen oder gen Himmel erhoben, die Faust geballt oder die Handflächen nach oben gezeigt, in die Hände geklatscht? Wie war Ihre Kopfhaltung: gesenkt, nach oben gerichtet, gerade oder schief? Wie sah Ihre Körperhaltung aus: Schulter hängend oder nach hinten gezogen, Beine beide fest auf dem Boden, Bauch rausgestreckt oder eingezogen? Wie haben Sie gesprochen: laut oder leise, schnell oder langsam, stockend oder fließend?

Wenn Ihnen keine Situation einfällt, in der Sie sich selbstsicher und unerschütterlich gefühlt haben, dann wählen Sie sich einen Freund oder auch Prominenten aus, den Sie als selbstsicher einschätzen, und tun so, als ob Sie für kurze Zeit in seine Haut schlüpfen würden. Denken, fühlen und verhalten Sie sich so, wie dieser sich selbstsicher in einer Situation verhalten würde. Sie sind jetzt Schauspieler und sollen diese Person möglichst lebensecht nachspielen.

Übung: Meine selbstsichere Körpersprache

Legen Sie nun das Buch beiseite und versetzen Sie sich in genau diesen Zustand, in dem nichts und niemand Sie erschüttern kann. Nehmen Sie genau diese Körperhaltung ein und holen Sie sich genau diese Gefühle des Vertrauens und der Stärke zurück. Atmen Sie, wie Sie atmen, wenn Sie von sich überzeugt sind. Nehmen Sie die Kopf- und Körperhaltung ein. Benutzen Sie denselben Gesichtsausdruck und dieselben Gesten. Tun Sie so, als ob Sie jetzt gerade in diesem Augenblick diesen Erfolg zu verbuchen haben. Widersetzen Sie sich Ihrem Gefühl, sich lächerlich vorzukommen, und nehmen Sie Ihre selbstsichere Körperhaltung ein.

Großartig! Haben Sie den Unterschied bemerkt? Wie schnell fühlt es sich doch anders an, wenn man seine Körpersprache verändert! Prägen Sie sich die Merkmale Ihres selbstsicheren Auftretens gut ein, so daß Sie diese jederzeit abrufen können.

Wenn Sie möchten, können Sie diese selbstsichere Körpersprache auch noch mit einem bestimmten Signal - einem Wort, einem Bild oder einer Geste - verknüpfen. Ziel dieser Signale ist es, daß wir uns, wenn wir sie einsetzen, schnell in den gewünschten Zustand, in diesem Fall in einen selbstsicheren Zustand, bringen können. Z.B. haben einige meiner Klienten das Signalwort „Power" oder „Spitze" oder „Whow" gewählt, andere ein Fingerschnippen oder das Berühren der Fingerspitzen von Daumen- und Zeigefinger.

Was wäre ein Signal, das Sie gerne mit dem selbstsicheren Zustand in Verbindung bringen möchten? Es sollte ein Signal sein, das Sie gut in der Öffentlichkeit einsetzen können und möglichst unauffällig ist. Es sollte keine Geste sein, die Sie ohnehin schon im Alltag benutzen. Sie sollten immer dasselbe „Wort", Bild oder dieselbe Geste verwenden, um Ihre selbstsichere Körpersprache zu erzeugen. Entscheiden Sie sich am besten gleich jetzt für ein Signal.

Übung: Mein Signal für meine selbstsichere Körpersprache

Beginnen Sie, Ihr Signal zu „installieren". Holen Sie sich nochmals Ihre selbstsichere Körpersprache zurück. Nehmen Sie eine aufrechte Körperhaltung ein. Atmen Sie so, wie Sie atmen, wenn Sie von sich überzeugt sind. Legen Sie Ihren selbstsicheren Gesichtsausdruck auf und nutzen Sie Ihre selbstsichere Gestik. In dem Augenblick, in dem Sie Ihr selbstsicheres Gefühl wirklich in sich verspüren, sagen Sie sich z.B. „Spitze" oder schnippen mit den Fingern.

Wiederholen Sie diesen Vorgang (sich in eine Situation versetzen, in der Sie sich selbstbewußt gefühlt haben, und Ihr Signal einsetzen, sobald Sie Ihre Selbstsicherheit spüren und die entsprechende Körpersprache zeigen) immer wieder und mit immer stärkerer Intensität (mindestens zehnmal nacheinander).

Probieren Sie dann aus, ob Sie Ihr selbstsicheres Gefühl alleine dadurch erzeugen können, daß Sie sich Ihr persönliches Signal geben: Schauen Sie zunächst einmal kurz aus dem Fenster oder auf den Boden. Dann denken Sie nur Ihr Signal (Wort oder Bild) oder führen es aus (Geste). Wenn Sie Ihre Selbstsicherheit nicht empfinden, müssen Sie noch weiter üben, das selbstsichere Gefühl mit dem Signal zu verknüpfen. Übrigens ist die Werbeindustrie hervorragend darin geschult, dieses Prinzip einzusetzen. Man denke nur an die Zigarettenwerbung und das Gefühl von grenzenloser Freiheit und Abenteuer. Wenn Sie einen Talisman bei sich tragen, machen Sie sich ebenfalls das Signallernen zunutze.

Mit diesen Signalen und der Veränderung der Körpersprache können Sie also von einer Sekunde auf die andere Ihre Gefühle beeinflussen und von Angst zu Sicherheit wechseln. Sie müssen lediglich die Mimik, Gestik, die Körper- und Kopfhaltung einnehmen, in derselben Art und Weise atmen und sich bewegen, wie in der Situation, in der Sie sich selbstbewußt gefühlt haben, oder sich Ihr Signal denken bzw. zeigen. Diese Strategie ist sowohl geeignet, bevor Sie in eine Situation gehen, die Sie mit dem Erröten verknüpfen, als auch dann, wenn Sie rot werden. Sie können sie aber auch in jeder anderen Situation einsetzen, in der Sie mehr Selbstsicherheit gebrauchen können.

Nun kennen Sie bereits vier machtvolle Strategien, um Anspannung und das damit zur Zeit noch einhergehende Erröten zu beeinflussen. Natürlich benötigen Sie noch ein wenig Übung. So wie Ihr Erröten zur Zeit noch ganz automatisch auftaucht, sollen Sie sich in Zukunft ganz automatisch entspannen und/oder eine selbstsichere Körpersprache einnehmen. Hierzu müssen Sie die 4 Techniken trainieren. Experimentieren Sie mit diesen, welche am besten bei Ihnen greifen und Ihnen am meisten Spaß machen. Setzen Sie diese ein, sobald Sie Anspannung und/oder Erröten verspüren. Bleiben Sie locker. Es genügt, wenn Sie ruhig und gelassen Ihre Aufmerksamkeit auf den Atem, die Muskelanspannung oder Körpersprache lenken.

Was Sie sich merken sollten

★ Erröten ist häufig eine Begleiterscheinung der Angst. Wenn Sie Angst haben, spannen Sie automatisch Ihre Muskeln an und beschleunigen den Atemrhythmus.

★ Ihrer Angst können Sie entgegenwirken, indem Sie bereits bei ihren ersten Anzeichen Ihre Muskulatur bewußt entspannen und Ihren Atemrhythmus verlangsamen.

★ Ihr Erröten wird abklingen, wenn Sie Ihre Anspannung abbauen.

★ Sie können ein Gefühl von Sicherheit gewinnen, indem Sie genauso atmen, die gleiche Mimik, Gestik und Körperhaltung einnehmen, in der gleichen Lautstärke sprechen, wie in Situationen, in denen Sie sich sicher, erfolgreich und unerschütterlich fühlen.

★ Wenn Sie Ihr selbstsicheres Gefühl mit einem bestimmten Signal (Wort, Bild oder Geste) immer wieder verknüpfen, können Sie, wann immer Sie dieses Signal einsetzen, sofort Ihr Gefühl der Selbstsicherheit wachrufen.

Ihr Körper ist
kein flüchtiger Begleiter,
sondern Ihr Freund.
Behandeln Sie ihn liebevoll,
dann wird er Sie unterstützen.

10
Ich bin jetzt rot - na und!
Was Sie tun können, wenn die Röte kommt

Es gibt für niemanden eine hundertprozentige Garantie, daß er niemals rot werden wird. Auch Sie werden, selbst wenn Sie alle Strategien, die ich Ihnen vorschlage, einsetzen, wahrscheinlich ab und zu rot werden. Für diese Situationen wollen wir nun Vorkehrungen treffen. Sie wissen bereits: Rotwerden ohne zu leiden ist möglich. Sie entscheiden mit Ihrer Bewertung darüber, wie Sie sich mit der Röte fühlen, ob die Rötung sich noch verstärkt und wie lange die Röte bleibt.

Sie müssen also zunächst einmal herausfinden, wie Ihr Selbstgespräch aussieht, wenn Sie erröten. Begeben Sie sich hierzu in Gedanken ganz bewußt in die **letzte** Situation, in der Sie errötet sind. Was ging Ihnen durch den Kopf, als Sie die Röte in sich aufsteigen spürten? Wie haben Sie sich gefühlt und verhalten? Notieren Sie Ihre Beobachtungen am besten einmal im ABC der Gefühle. Wenn Sie überhaupt keine Gedanken bei sich finden können, dann ist dies nicht tragisch. Lesen Sie weiter und stellen Sie sich vor, Sie würden so denken, wie ich es nun beispielhaft aufführe.

A: Situation

Was passiert? Was nehme ich wahr?
(z.B. *Ich spüre die Röte in mir aufsteigen.*)

B: Bewertung

Wie denke ich darüber? Bin ich in Gefahr oder nicht? (z.B. *Entsetzlich, Schon wieder. Es wird immer schlimmer. Blamage. Was denken die anderen von mir. Sie werden mich ablehnen und mich für unfähig halten.*)

C: Gefühle, Körperreaktionen, Verhalten

Wie fühle ich mich, wie reagiert mein Körper, wie verhalte ich mich?
(z.B. *Wut, Angst, zunehmendes Erröten, Hitzegefühl im Gesicht, kann mich nicht mehr auf meinen Satz konzentrieren, stottere*)

Können Sie erkennen, daß Ihr Körper bei einer solch „lebensgefährlichen" Bewertung mit einer Erhöhung der Anspannung und Temperatur reagieren muß? Dann ist auch klar, daß Sie eine andere Bewertung finden müssen, bevor Ihr Rotwerden abnehmen und Sie die Situation weniger unangenehm erleben können. Sie müssen nach einer Bewertung suchen, die Ihrem Körper Entwarnung gibt. Wie wäre es beispielsweise damit: *„Was soll's. Wahrscheinlich werde ich jetzt rot. Ich führe einfach mein Gespräch weiter, schaue meinem Gegenüber ins Gesicht und bleibe ruhig und gelassen. Mein Körper arbeitet an der Abkühlung. Sie wird kommen und die Röte zurückgehen."*

Können Sie sich vorstellen, daß Sie bei solchen Gedanken lockerer bleiben könnten? Dann kommt bei Ihnen jetzt wahrscheinlich nur der Einwand auf, daß Sie so nicht denken können, weil es für Sie einfach ausgesprochen schlimm ist, rot zu werden. Und daß Sie sich schließlich nichts vormachen wollen.

Ich kann diesen Einwand gut verstehen, denn Ihr Gefühl steht im Augenblick tatsächlich im Widerspruch zu dieser neuen Bewertung. Das bedeutet jedoch nicht, daß Sie sich diese neue Einstellung nicht aneignen können. Wann immer wir eine alte Gewohnheit aufgeben, durchlaufen wir 5 Phasen des Umlernens. Lassen Sie uns diese Phasen einmal am Beispiel der Einstellung zum Rotwerden durchspielen.

Die 5 Phasen des Umlernens

1. Theoretische Einsicht

Diese Einsicht zu gewinnen ist für Sie wahrscheinlich am leichtesten. Sie verstehen, daß Ihre negative Bewertung „Rotwerden bedeutet Gefahr oder Rotwerden bedeutet, daß andere mich ablehnen, daß ich ein Versager bin ..." in Ihnen Anspannung, Angst und eine Verstärkung des Rotwerdens bewirkt. Sie wissen, daß Sie anders denken müssen, um entspannter zu sein. Ihre neue Bewertung, die Sie sich ausgesucht haben, soll lauten: „Ich werde rot - na und! Ich habe viel anzubieten und führe mein Gespräch weiter".

2. Übung

Um die neue Einstellung zur Gewohnheit werden zu lassen, müssen Sie sich in die Situationen begeben, in denen Sie gewöhnlich rot werden, und an Ihre neue Bewertung denken.

3. Widerspruch zwischen Kopf und Bauch

Obwohl Sie sich Ihre neuen Gedanken sagen, fühlen Sie sich noch sehr unwohl, haben Angst und sind angespannt. Sie haben den Eindruck, sich zu belügen und sich etwas vorzumachen. Ihr Gefühl sagt Ihnen, daß das Rotwerden etwas Schreckliches sei, während Ihr Kopf Ihnen sagt, daß Sie ganz gut damit leben können.

4. Übereinstimmung zwischen Kopf und Bauch

Wenn Sie sich von diesem Widerspruch zwischen Kopf und Bauch nicht erschüttern lassen, sondern weiterhin in die

Situationen gehen, in denen Sie erröten könnten, und Ihre neue Bewertung einsetzen, wird sich Ihr Gefühl mit zunehmender Übung umstellen. Sie werden eine Zustimmung im Bauch verspüren. Sie haben das Gefühl, daß Ihre neue Bewertung richtig ist. Sie fühlen sich ruhiger und gelassener. Die Röte kommt und geht, ohne daß Sie in Panik oder Wut geraten.

5. Neue Gewohnheit
Ganz automatisch laufen nun Ihre neutralen oder positiven Gedanken zum Rotwerden ab. Ihre Aufmerksamkeit richtet sich nun auf andere Aspekte des Gesprächs bzw. der Situation statt auf das Rotwerden.

Im Augenblick müssen Sie also einen Widerspruch verspüren, wenn ich Ihnen neue Einstellungen zum Rotwerden vorschlage. Es gibt leider keine Möglichkeit, diese dritte Stufe ‹Widerspruch zwischen Kopf und Bauch› zu überspringen. Sie müssen „ungläubig" reagieren, weil Sie so lange so negativ über das Rotwerden gedacht haben und auch negative Gefühle damit verknüpft haben. Sie müssen den Eindruck haben, ich schlage Ihnen eine Strategie vor, die Sie auf keinen Fall umsetzen können. Ja, vielleicht denken Sie sogar, Sie seien ein besonders aussichtsloser Fall, weil Sie nicht gleich eine Erleichterung verspüren. Oder aber Sie zweifeln an meiner Kompetenz, „Ihnen eine solch wirkungslose Technik der Gedankenmanipulation vorzuschlagen".

Dennoch ist die Gedankenbeeinflussung eine der wirkungsvollsten Strategien. Sie setzen diese bereits ein, indem Sie das Rotwerden negativ bewerten und sich Furcht erzeugen. Sie selbst können damit über Ihre Gefühle und Ihre körperlichen Reaktionen bestimmen. Sie benötigen lediglich die Bereitschaft, sie so lange einzusetzen, bis Ihr altes Gedanken- und Gefühlsprogramm gelöscht ist. Das

Ermutigende und Positive dabei ist, daß es eine hundertprozentige Garantie gibt: **Wenn Sie Ihre Bewertung des Rotwerdens verändern, müssen sich mit der Zeit auch Ihre Anspannung und Ihre Röte reduzieren**. Sie benötigen nur ein wenig Geduld und die Bereitschaft, das neue Programm immer wieder einzusetzen.

Im Grunde genommen wissen Sie bereits, wie das mit dem Umlernen abläuft. Haben Sie nicht auch schon einmal eine vertraute Gewohnheit abgelegt und sich am Anfang ganz schön unwohl gefühlt? Haben Sie sich z.B. angewöhnt, Kaffee ohne Zucker zu trinken, weniger Salz zum Würzen zu nehmen, oder haben Sie das Rauchen oder Trinken aufgegeben? Sind Sie schon einmal auf eine andere Automarke umgestiegen oder in England im Linksverkehr gefahren? Dann haben Sie sicher diese Phasen durchlaufen, in denen Ihr Gefühl Ihnen sagte, daß Sie etwas Falsches tun, denn unser Körper ist sehr konservativ. Er will das behalten, was wir ihm beigebracht haben - gleichgültig ob es ihm guttut oder schadet, richtig oder falsch ist. Seine Einwände, d.h. das Gefühl, etwas Falsches zu tun, sind eine Art Schutzvorrichtung, um uns vor Neuem zu warnen und dabei die alten Erfahrungen und Bewertungen miteinzubeziehen. Sie sollen es uns erleichtern, einmal Erlerntes ohne langes Nachdenken immer wieder auszuführen.

Kommen wir zurück zu dem Gedankenprogramm, das Sie sich in bezug auf das Erröten angewöhnt haben. Es ist vergleichbar mit einem Computerprogramm. Sie haben bisher ein Programm ablaufen lassen mit dem Titel: ‹Erröten und Intensivieren des Errötens›. Ihr neues Programm soll lauten: ‹Zulassen und Nachlassen des Errötens›. Hierzu müssen Sie Ihre Software, d.h. Ihre Gedanken austauschen.

Ihre Gedanken waren bisher negativ und haben nicht den Tatsachen entsprochen. Sie haben angenommen,

- daß Sie auf keinen Fall erröten dürfen,

- daß Sie ganz bestimmt erröten würden,
- daß das Erröten unerträglich und lebensgefährlich sei,
- daß Sie ganz bestimmt wegen des Errötens abgelehnt würden,
- daß Sie minderwertig seien, wenn Sie erröten,
- daß Sie Ihr Erröten nicht beeinflussen könnten,
- daß es viel schlimmer sei zu erröten, als das nicht zu erreichen, was Sie in der Situation wirklich wollen.

Wie wir bereits in Kapitel 5 besprochen haben, verbergen sich hinter diesen Annahmen ganz charakteristische Denkfehler. Da Ihr Gehirn (und natürlich die Gehirne aller Menschen) aber nicht prüft, ob Sie es mit einem hilfreichen, richtigen oder fehlerhaftem Programm füttern, verarbeitet es diese Gedanken treu und brav - mit dem Ergebnis, daß Sie Angst und körperliche Reaktionen verspüren, wo gar keine Angst notwendig ist.

Wenn Sie unter Ihrer Furcht vor dem Erröten leiden und diese Furcht Sie blockiert, dann sollten Sie prüfen, ob Ihre Selbstgespräche hilfreich und der Situation angemessen sind. Hierzu sollten Sie sich die beiden folgenden Fragen stellen:

1. **Hilft mir meine Bewertung, mich so zu fühlen und zu verhalten, wie ich es gerne möchte?** Hilft mir meine Bewertung, mich sicher und entspannt zu fühlen und meine Angst vor Abwertung und Blamage abzubauen? Wenn nicht, wie müßte ich anders denken, um mein Ziel zu erreichen?

2. **Entspricht meine Bewertung den Tatsachen?** Ist die Bewertung der Situation angemessen oder übertreibe und ziehe ich falsche Schlußfolgerungen?

Wenn Sie möchten, können Sie Ihr inneres Selbstgespräch, das Sie am Anfang des Kapitels im ABC der Gefühle angeführt haben, anhand dieser Fragen selbst überprüfen. Ich möchte Ihnen darüber hinaus einige Vorschläge machen, wie positivere Selbstgespräche aussehen könnten. Sie können diese dann verwenden, um Ihr selbst erarbeitetes Selbstgespräch nochmals auf seine Richtigkeit hin zu kontrollieren, denn es ist garnicht so einfach, einmal getroffene Bewertungen zu überprüfen. (Sie erinnern sich an die 3. Stufe des Umlernprozesses: Das Neue fühlt sich nicht richtig an?)

Aus den Selbstgesprächen meiner vielen Klienten haben sich folgende zwei große Bereiche, auf die diese sich beziehen, herauskristallisiert:

1. Negative Selbstgespräche, hinter denen sich eine **Selbstablehnung** verbirgt.

2. Negative Selbstgespräche, hinter denen sich die **Angst vor Ablehnung** durch andere verbirgt.

Sie werden es schon vermutet haben: die Selbstablehnung und die Angst vor Ablehnung hängen eng miteinander zusammen. Je mehr wir uns ablehnen, desto eher sind wir überzeugt, daß andere uns auch ablehnen. Wir können uns nur schwer vorstellen, daß andere unser Erröten überhaupt nicht bemerken oder es als ganz normal oder wenig beachtenswert ansehen. Wir neigen dann auch schneller dazu, ihr Verhalten als Ablehnung oder Auslachen zu interpretieren. Ja, die Spirale geht noch weiter. Je mehr wir uns selbst ablehnen, desto mehr bedürfen wir der Anerkennung anderer, desto mehr haben wir Angst, abgelehnt zu werden.

Ich gebe Ihnen im folgenden eine Sammlung der häufigsten negativen Selbstgespräche zum Erröten: sie sind nach den beiden Bereichen Selbstablehnung und Angst vor Ablehnung sortiert. Lesen Sie zunächst alle Vorschläge durch und stellen Sie sich dann daraus Ihren eigenen Text zusammen bzw. kontrollieren Sie Ihren bereits erarbeiteten Text.

1. Negative Selbstgespräche, hinter denen sich die Selbstablehnung verbirgt, und ihre hilfreichen Alternativen

Negative Bewertung: *Rotwerden ist peinlich und wenn ich rot werde, bedeutet das, daß ich ein Versager und schwach bin.*
Hilfreiche Bewertung: Rotwerden ist Abkühlung. Mein Körper ist gesund und arbeitet auf Hochtouren.

Negative Bewertung: *Ich darf nicht rot werden. Das ist ein Versagen. Daß ich es trotzdem tue, bedeutet, ich bin nicht in Ordnung.*
Hilfreiche Bewertung: Ich darf rot werden. Das ist eine normale menschliche Reaktion bei Anspannung. Rotwerden ist lediglich das Resultat meines alten Gedankenprogramms. Es ist nur ein ganz kleines Teilchen meiner Person und gibt mir die Chance, mein neues Denken zu trainieren.

Negative Bewertung: *Andere werden nicht rot und sind etwas Besseres als ich.*
Hilfreiche Bewertung: Ich weiß nicht, wie alle Menschen reagieren. Sicher gibt es noch mehr Menschen, die erröten. Jeder hat seine ganz spezielle Art, wie er bei Anspannung reagiert. Es gibt keine besseren und schlechteren Menschen, nur Menschen mit Schwächen in dem einen oder anderen Bereich. Ich bin in Ordnung, wie ich bin und reagiere.

Negative Bewertung: *In meinem Alter müßte ich darüber hinaus sein; da ich trotzdem rot werde, bedeutet das, daß ich ablehnenswert bin.*
Hilfreiche Bewertung: Rotwerden ist eine körperliche Re-

aktion, die nichts mit dem Alter zu tun hat. Ich bin in Ordnung mit dieser Gewohnheit. Ich mag mich und andere können entscheiden, ob sie ihren Blick auf mein Erröten lenken oder darauf, was ich sonst noch alles zu bieten habe.

Negative Bewertung: *Ich darf nicht rot werden. Ich muß perfekt sein und darf keine Fehler haben. Rot zu werden, bedeutet, daß ich nicht perfekt und deshalb ein Nichts bin.*
Hilfreiche Bewertung: Ich darf rot werden. Es ist lediglich eine Gewohnheit meines Körpers. Ich bin in Ordnung. Ich habe wie jeder Mensch Stärken und Schwächen. So etwas wie ein Nichts gibt es überhaupt nicht.

Negative Bewertung: *Oh Gott, entsetzlich! Ich werde rot und es wird nie mehr aufhören.*
Hilfreiche Bewertung: Ich werde rot, und weiter? Es geht vorüber. Es wird spontan abklingen. Mein Körper macht die Arbeit. Ich kann ihm vertrauen. Ich kann damit umgehen. Ich kann rot werden und trotzdem effektiv sein.

Negative Bewertung: *Niemand wird so schlimm rot wie ich.*
Hilfreiche Bewertung: Das ist eine Annahme. Ich weiß es nicht, denn ich kenne nicht alle Menschen dieser Welt. Ich werde mal mehr und mal weniger rot. Das ist alles, was ich sagen kann. Statt mich zu verurteilen, akzeptiere ich mein Rotwerden als eine Eigenart meines Körpers, die sich bei Anspannung zeigt, und lerne, mich mehr zu entspannen.

Negative Bewertung: *Ich werde immer rot.*
Hilfreiche Bewertung: Das ist eine Übertreibung. Ich werde ab und zu rot - und zwar dann, wenn ich erregt und angespannt bin. Ich kann lernen, mich mehr zu beruhigen und zu entspannen. Dann werde ich immer seltener rot werden.

Negative Bewertung: *Nichts mache ich richtig.*
Hilfreiche Bewertung: Das ist eine Verallgemeinerung. Mir

gelingt vieles und einiges muß ich mehr trainieren. Ich werde meinen Blick auf das lenken, was mir gelingt. Dadurch bekomme ich mehr Selbstvertrauen und mir fallen noch mehr Lösungswege ein.

Negative Bewertung: *Ich bin rot und werde immer röter. Gefahr!*
Hilfreiche Bewertung: Rotwerden ist nicht gefährlich, nur unangenehm. Ich habe es früher auch schon erlebt und immer überlebt. Rotwerden ist nur die Folge meines alten Programms. Es wird zurückgehen, sobald ich mich wieder mehr entspanne. Ich werde rot. Das erinnert mich, mich auf den Atem zu konzentrieren. Rotwerden - o.k. Ich entspanne mich und erlaube mir, Mensch zu sein.

2. Negative Selbstgespräche, hinter denen sich die Angst vor Ablehnung durch andere verbirgt, und ihre hilfreichen Alternativen

Negative Bewertung: *Wenn ich rot werde, lachen die anderen mich aus. Das bedeutet, ich bin unfähig.*
Hilfreiche Bewertung: Ich weiß nicht, ob andere mein Rotwerden erkennen und wie sie darauf reagieren. Selbst wenn Sie mich auslachen sollten, bin ich kein unfähiger Mensch. Ich bin ein liebenswerter Mensch mit der Gewohnheit, bei Erregung zu erröten. Daneben habe ich viele andere Gewohnheiten. Wenn sie über mich lachen, sagt dies etwas über sie aus, nicht über mich. Vielleicht wollen sie von ihren eigenen Schwächen ablenken und sich selbst größer machen.

Negative Bewertung: *Wenn ich rot werde, lehnen die anderen mich ab. Das kann ich nicht ertragen.*
Hilfreiche Bewertung: Ich weiß nicht, ob andere mein Rotwerden überhaupt erkennen und wie sie mich dann sehen. Selbst wenn sie mich ablehnen sollten, kann ich das ertra-

gen. Es ist lediglich schade, wenn sie mich so sehen. Die Ablehnung bezieht sich nur auf einen Teil von mir, denn sie kennen mich gar nicht vollkommen. Morgen können sie mich genausogut wieder anders sehen. Deren Meinung hat nichts mit meinem Wert zu tun. Ich bin liebenswert, gleichgültig, wie andere mich sehen.

Negative Bewertung: *Wenn ich rot werde, halten mich andere für dumm und ablehnenswert. Das ist furchtbar.*
Hilfreiche Bewertung: Ich weiß nicht, ob andere mein Rotwerden wahrnehmen und wie sie über mich denken. Ich weiß, daß ich nicht dumm und ablehenswert bin, auch wenn andere mich so beurteilen sollten. Es ist egal, was andere denken. Ich konzentriere mich darauf, was ich zu tun habe.

Negative Bewertung: *Wenn ich erröte, erkennen andere meine Nervosität/Betroffenheit/Angst/Unsicherheit. Das ist furchtbar, denn ich muß perfekt sein.*
Hilfreiche Bewertung: Ich kann nicht hellsehen. Ich weiß nicht, ob andere mich beobachten und meine Nervosität, ... erkennen. Sie dürfen es sehen, denn Nervosität ist menschlich und natürlich. Ich bin in Ordnung, wie auch immer ich reagiere. Es gibt keine vollkommenen Menschen.

Negative Bewertung: *Andere nehmen mich nicht ernst, wenn ich rot werde. Das ist schlimm.*
Hilfreiche Bewertung: Das ist eine Annahme. Ich weiß nicht, ob andere mein Rotwerden wahrnehmen und welche Auswirkung es auf ihre Meinung mir gegenüber hat. Rotwerden ist absolut kein Grund, daß man mich nicht ernst nimmt. Ich habe viel anzubieten und beizutragen. Schade, falls es andere nicht annehmen sollten.

Negative Bewertung: *Andere werden mich darauf ansprechen und mich für unfähig und schwach halten. Sie werden denken, daß ich albern aussehe.*

Hilfreiche Bewertung: Ich weiß nicht, ob andere auf mein Rotwerden achten und mich darauf ansprechen. Und wenn, dann bedeutet dies nicht, daß sie mich für unfähig halten. Vielleicht wollen sie mir helfen, mich trösten oder einfach nur wissen, was mich so bewegt. Und selbst wenn sie mich für unfähig hielten, so ist das nur deren Meinung. Ich weiß, daß ich nicht schwach und albern bin, nur weil ich erröte.

Haben Sie Ihr typisches negatives Selbstgespräch gefunden? Ja? Großartig, dann können Sie schon jetzt Ihr neues, hilfreiches Gedankenprogramm zusammenstellen. Nehmen Sie die oben aufgeführten hilfreichen Bewertungen als Anhaltspunkt, um sich Ihr persönliches Gedankenprogramm zu erarbeiten. Sie können dabei ruhig Ihre eigenen Worte verwenden. Die neuen Gedanken müssen jedoch auf jeden Fall hilfreich sein, d.h. sich an den Tatsachen orientieren und Sie gelassener machen. Ersetzen Sie B, die negative Bewertung in Ihrem ABC, das Sie am Anfang des Kapitels notiert haben. Wenn Ihnen Ihre negativen Gedanken immer noch nicht so bewußt sind, dann beginnen Sie damit, sich zu beobachten. Besser noch, schreiben Sie Ihre negativen Gedanken sofort möglichst Wort für Wort auf, wenn Sie erröten. Am besten verwenden Sie dazu das ABC der Gefühle. Sollten Sie im Augenblick alle Situationen meiden, in denen Sie erröten könnten, dann stellen Sie sich die Situationen so genau wie möglich vor und beobachten, welche Gedanken Ihnen beim Erröten in den Kopf kommen. Unbedingt wichtig ist, daß Sie wissen, was Sie denken, um Ihre Anspannung und Ihr Erröten zu erzeugen. Notieren Sie Ihre Bewertungen im ABC der Gefühle.

A: Situation:
Was passiert? Was nehme ich wahr?

B: Bewertung:
Wie bewerte ich die Situation? Was sehe ich als gefährlich an?

C: Gefühle, Körperreaktionen und Verhalten:
Wie fühle ich mich, wie reagiere ich körperlich, wie verhalte ich mich?

Sobald Sie einige ABC's erstellt haben, haben Sie genügend Anhaltspunkte, um Ihr neues Gedankenprogramm mit Hilfe der oben genannten hilfreichen Gedanken zusammenzustellen. Höchstwahrscheinlich sehen Ihre Bewertungen für verschiedene Situationen sehr ähnlich aus.

Mein hilfreiches Selbstgespräch lautet:

....

....

....

Entwickeln Sie eine neue Denkgewohnheit

Ihre Aufgabe besteht nun darin, wann immer Ihr altes Programm auftaucht, dieses sofort durch innerliches Stopp-Rufen zu unterbrechen und durch das neue zu ersetzen. Hierzu ist es notwendig, sich das neue Programm möglichst schnell einzuprägen. Ihre neuen Gedanken müssen so automatisch werden, daß ich Sie nachts um 2 Uhr wecken kann und Sie mir diese nennen können. Es gilt, die 3. Stufe des

Umlernens: ‹Widerspruch zwischen Kopf und Bauch› möglichst schnell zu überwinden. Es ist so, als ob Sie eine neue Sprache lernen müßten. Eine neue Sprache lernen Sie um so schneller, je häufiger Sie sich damit beschäftigen und sie einsetzen. Wie beim Sprachen lernen, haben Sie mehrere Lernmöglichkeiten.

1. Sagen Sie sich Ihre neuen Gedanken möglichst häufig laut und kraftvoll vor - und stellen Sie sich dabei in der überzeugten selbstsicheren Körperhaltung hin, die Sie sich oben (s. Kap. 9) ausgewählt haben. Sprechen Sie Ihre neue Einstellungen so aus, als ob Sie bereits hundertprozentig davon überzeugt sind. Je öfter am Tag Sie sich an Ihre hilfreichen Gedanken erinnern, desto schneller haben Sie sie parat und desto schneller haben Sie die negativen Gedanken gelöscht.

2. Schreiben Sie sich Ihr hilfreiches Selbstgespräch auf ein Kärtchen. Lesen Sie dieses immer wieder durch. Kleben Sie das Kärtchen an den Spiegel, legen Sie es in die Geldbörse, ins Handschuhfach - überall, wo Sie häufig hinschauen.

3. Bringen Sie Ihr neues Selbstgespräch in Reimform oder suchen Sie sich eine passende Melodie dazu, so daß Sie diese vor sich hinsummen können. Wenn Sie Spaß dran haben, tanzen Sie dazu oder wiederholen Sie sie bei jedem Schritt oder jeder Tretbewegung während des Radfahrens. Beispielsweise hat eine meiner Klientinnen sich den Satz „Ja, was ist schon dabei“ als Devise auserkoren und ihn immer wieder nach der Melodie eines alten Schlagers vor sich hingesummt. Ihre Kreativität ist also gefragt. Und wissen Sie, was Sie so ganz indirekt auch noch damit bewirken können? Sie verknüpfen mit Rotwerden plötzlich etwas Spaßiges und Spielerisches, also etwas genau entgegengesetzt zum alten Programm: Lebensgefahr.

Weitere wirkungsvolle Gedanken-Strategien

Auch für die folgenden Strategien gilt: Unterbrechen Sie Ihr negatives Selbstgespräch **sofort und immer dann**, wenn es auftaucht, und ersetzen Sie es durch die hilfreiche Denkweise. Und vergessen Sie nicht, sich dafür gleich ein ganz dickes Lob auszusprechen.

1. **Stellen Sie sich hilfreiche Fragen und ändern Sie den Blickwinkel.**

Wenn wir unter dem Rotwerden leiden, konzentrieren wir uns auf unser Erröten, sind Experten darin, bereits die leisesten Anzeichen der Erregung und des Errötens zu erkennen. Wir betreiben exzessive Innenschau und konzentrieren uns auf uns selbst. Unsere Gedanken kreisen ums Rotwerden: *Wie sehe ich bloß aus? Werde ich bereits rot? Werde ich schon wieder rot? Warum werde ich jetzt rot? Wie rot bin ich schon? Wie rot werde ich noch? Wie lange bleibe ich rot? Wann werde ich wieder rot? Warum werde ich immer rot?* Mit jedem Gedanken wird die Anspannung größer, denn das Wort rot ist bereits mit negativen Gefühlen und Erregung gekoppelt. Unser Blickwinkel zielt nur auf das Erröten ab, es hat nichts anderes Platz. Alle anderen Informationen lassen wir unter den Tisch fallen.

Wenn Sie auch zu dieser Vorgehensweise neigen, hilft Ihnen folgende Strategie: Lenken Sie Ihre Aufmerksamkeit auf „neutrales“ Gelände. Stellen Sie sich neutrale Fragen, die sich nicht mit dem Rotwerden befassen, wie z.B.:

Wie fest stehen meine Füße auf dem Boden?
Wie möchte ich jetzt atmen?
Welche Muskeln möchte ich entspannen?
Möchte ich meine selbstsichere Körperhaltung einnehmen? (s. Kap. 9)

Sie können auch noch einen Schritt weitergehen und

Fragen stellen, die auf Lösungen abzielen:

Was möchte ich in der Situation erreichen?
Wie mache ich das Beste daraus?
Was kann ich in dieser Situation gewinnen?

Machen Sie dazu begleitend eine der beiden Atemübungen oder die Entspannungsübung. Sie können auch Ihr Signal für die selbstsichere Körpersprache einsetzen (s. Kap. 9). Ersetzen Sie in Zukunft Ihre Fragen, die um das Rotwerden kreisen, durch Ihre hilfreichen Fragen.

Meine hilfreichen Fragen, die ich mir in Zukunft, wann immer ich erröte, stellen werde, lauten:

....

Unterbrechen Sie Ihre negativen Fragen, wenn sie Ihnen in den Kopf kommen, sofort. Zu Beginn werden Sie einige „Diskussionsrunden" laufen haben zwischen Ihren alten und den neuen Fragen. Dies ist nur normal und gehört zum Umlernprozeß. Unterbrechen Sie die alten Fragen und ersetzen Sie diese in aller Ruhe immer wieder mit den neuen Fragen. Mit der Zeit werden die alten Fragen seltener auftauchen.

2. Verändern Sie Ihre Sprache und bildhaften Beschreibungen.

Viele meiner Klienten beschreiben sich mit den Worten: *„Ich leide unter krankhaftem Erröten"*. Die Folge einer solchen Beschreibung ist, daß sie sich allein durch den Gebrauch dieser Worte krank, hilflos und sehr leidend fühlen. Schilderungen wie *„Ich werde knallrot, puterrot, rot wie eine Tomate, rot wie ein Krebs, rot wie ein Wimpel, bekomme einen roten Ballon, leuchte wie ein Glühwürmchen, strahle wie eine Leuchtreklame, wie eine rote Ampel"* lösen in uns Gefühle von Hitze und Wärme aus. Wir stellen uns die Röte vor unserem geistigen Auge lebendig vor. Allein durch diese Vorstellung treiben wir quasi unser Blut in den Kopf.

Unser Gehirn verarbeitet alles, was wir ihm erzählen - gleichgültig ob es stimmt oder ob wir übertreiben und uns Unwahrheiten erzählen. Verwenden wir zur Beschreibung unserer Situation und Gefühle übertrieben negative Begriffe oder Bilder, werden wir uns entsprechend schlechter fühlen und stärker körperlich reagieren. Deshalb sollten wir sehr vorsichtig mit unserer Sprache umgehen. Wir sollten unsere sprachlichen und bildlichen Beschreibungen genauer anschauen und mit den Fragen überprüfen: Meine ich das wirklich, was ich sage? Ist der bildliche Ausdruck wirklich zutreffend? Gibt es ein Bild, das besser beschreibt, was ich erlebe? Hilft mir diese Beschreibung, mich so zu fühlen, wie ich es möchte?

Wie wäre es, wenn Sie Ihr Erröten in Zukunft mit anderen Worten beschreiben würden? Denken Sie daran: **Durch eine gute Formulierung läßt sich die Intensität Ihrer Gefühle in einem Bruchteil von Sekunden dämpfen und die der positiven Empfindungen verstärken.** Von meinen Klienten habe ich z.B. folgende Vorschläge für den Satz „Ich leide unter krankhaftem Erröten“ erhalten:

„Mein Thermostat ist hoch eingestellt.“ „Ich fahre hochtourig.“ „Meine Kühlung springt schnell an.“ „Mein Körper ist sehr aktiv.“ „Ich werde schnell rot - na und.“ „Ich habe ein persönliches Markenzeichen.“ „Die Gesichtstönung ist Nebensache. Andere kauen Nägel, kratzen sich am Kopf, etc.“ „Ich kann mich noch für vieles erwärmen.“ „Ich habe viel Rouge aufgelegt.“ „Ich bin sensibel.“ „Rotwerden - das ist nur eine meiner lästigen Angewohnheiten.“ „Ich bin sehr wachsam und schnell alarmiert.“ „Ich mache mir was aus meinem Umfeld (und deshalb erröte ich).“ „Ich bin energiegeladen.“ „Ich fühle mich ein wenig unbehaglich.“ „Ich bin aufgeregt.“

Was meinen Sie, wie würden Sie sich fühlen, wenn Sie Ihr Rotwerden in dieser Form umschreiben würden? Stärker, gesünder, mehr in Kontrolle oder sogar stolz? Welche Umschreibung würde Ihnen dabei helfen, sich mit dem Rotwerden zu versöhnen?

In Zukunft möchte ich mein Rotwerden, wann immer ich daran denke oder darüber spreche, positiv beschreiben mit:

....

Meine Klienten machten mir auch einige Vorschläge, wie man den bildhaften Beschreibungen wie etwa „roter Ballon" oder „rot wie ein Krebs" die Schärfe nehmen könnte. Sie ließen dabei die Beschreibung als solche bestehen, veränderten jedoch das Bild und die Bewertung, die sie damit verknüpften.

- Sie stellten sich den Ballon statt in flammendem Rot rosafarben vor und ließen zudem noch langsam die Luft entweichen.
- Sie stellten sich vor, wie Sie die Leuchtreklame oder Glühbirne wieder ausschalten.
- Sie stellten sich vor, wie lecker Tomatensalat schmeckt (statt sich die rote Tomate auszumalen).
- Sie stellten sich vor, wie sicher sich der Krebs in seiner Schale fühlt (anstatt nur auf seine Röte zu achten).
- Sie stellten sich vor, wie der Wimpel sanft im Wind flattert und die kühle Luft ihn umströmt.
- Sie stellten sich vor, wie das Glühwürmchen sich in der Nacht sanft auf ein Blatt setzt und schön seine Umgebung erhellt.
- Sie ließen die Ampel von rot auf grün umspringen.

In Zukunft möchte ich mein Erröten mit folgendem hilfreichen Bild beschreiben:

....

Wenn Sie sich beim Lesen dieser Vorschläge in Ihrem Problem von mir nicht so ganz ernst genommen fühlen, dann ist dies ganz normal. Dies hängt mit der 3. Stufe des Umlernprozesses zusammen. Sie lesen meine Vorschläge und empfinden gleichzeitig noch Ihre alten Gefühle, nämlich daß das Rotwerden eine ganz schlimme Katastrophe sei. Sie fühlen sich unverstanden, vielleicht sogar auch lächerlich gemacht. Ich kann Ihre Gefühle (als ehemalige Leidensgefährtin) sehr gut nachempfinden. Ich nehme sie in Ihrem Leiden und als Person ernst und gerade deshalb möchte ich Ihnen neue Wege eröffnen. Diese neuen Wege beinhalten, daß Sie eine neue Einstellung entwickeln und einige Zeit das Gefühl aushalten, sich zu belügen und sich selbst nicht ernst zu nehmen. Doch dann hat Ihr Leiden sein Ende.

3. Setzen Sie Humor ein.

Die Farbe rot und die Wörter Rotwerden, erröten und Röte sind bei Ihnen sicherlich mit ganz negativen Gefühlen verbunden. Wenn Sie diese Begriffe lesen, hören oder jemanden mit rotem Kopf oder erröten sehen, werden in Ihrem Körper die Alarmglocken läuten. Deshalb kann es für Sie ganz hilfreich sein, diese Worte durch eher neutrale Worte zu ersetzen oder sogar mit etwas Humorvollem zu verknüpfen. Sie haben sicher schon erlebt, daß Angst und Lachen nicht zusammenpassen. Lachen entspannt und lokkert. Warum sollten Sie es also nicht bewußt einsetzen, um aus dem Kreislauf des Errötens herauszukommen?

Herr K., einer meiner Klienten, stieß beispielsweise durch Zufall auf eine neue Wortverknüpfung. Er hatte sich versprochen und sagte: Ich werde rund, na und? und mußte heftig lachen. Von nun an fiel ihm beim Erröten immer dieser Satz ein, was zu einer Entspannung und zu einem schnellen Nachlassen des Errötens führte.

Andere Vorschläge meiner Klienten sind:

- Wer errötet, der rastet nicht! (statt des Sprichworts: Wer rastet, der rostet)

- Don't worry, be cool. (Statt Don't worry, be happy)
- Roter Gott, wir loben dich (Statt des Liedes: Großer Gott, wir loben dich)
- Lieber rot als tot.
- Reden ist Silber, Erröten ist Gold. (Statt des Sprichworts: Reden ist Silber, Schweigen ist Gold)

Welcher Slogan könnte mich in der Situation des Errötens zum Schmunzeln bringen?

....

Ersetzen Sie Ihre Panikgedanken, wann immer sie auftauchen, durch den humorvollen Satz.

4. Beobachten und zulassen.

Je mehr wir uns das Rotwerden verbieten und uns dafür verurteilen, um so stärker steigt unsere Anspannung und damit die Neigung zum Rotwerden. Die umgekehrte Strategie ist die wirkungsvollere: Beobachten und zulassen. Sie beobachten dabei Ihr Erröten wie ein Forscher, der einen Selbstversuch durchführt. Beispielsweise: „Jetzt fühle ich eine Wärme in mir aufsteigen. Vom Hals aufwärts bewegt sie sich wie eine Welle vorwärts. Sie bringt ein Erröten mit sich. Jetzt spüre ich die Wärme bis in die Haarwurzeln. Jetzt scheint sich die Wärme wieder nach unten zu bewegen ... Jetzt ist mein Ausgangszustand wieder erreicht und ich fühle noch ein klein wenig Spannung in mir".

Noch wirkungsvoller ist die Strategie, wenn Sie sich in die Rolle eines beschreibenden Beobachters begeben. Sie beobachten sich dabei von außen ruhig und sachlich ohne Wertung. Sie berichten nur, was Sie beobachten können. Beispielsweise: „Jetzt stellt er/sie eine Frage. Die Hände ruhen auf den Oberschenkeln. Im Gesicht ist eine leichte Röte zu beobachten ..."

Mit Hilfe der Strategie „Beobachten und zulassen“ sorgen Sie dafür, daß Ihre Erregung und Anspannung schnell wieder nachlassen. Sie bewerten das Erröten nicht als Lebensgefahr sondern als ganz normale Körperreaktion. Sie verlangen von Ihrem Körper nicht, daß die Röte nicht auftreten sollte, obwohl Sie sie zuvor erzeugt haben. Sie konzentrieren sich auch nicht auf die Reaktion Ihrer Umwelt.

5. Verstärken Sie das Erröten bewußt.

Zum Abschluß dieses Kapitels möchte ich noch eine Übung für ganz Mutige vorschlagen. In der Psychologie gibt es die sog. Strategie der paradoxen Intervention. Ziel ist es dabei, das, was man mit allen Mitteln unterbinden will und wogegen man sich wehrt, bewußt zu erzeugen. In Ihrem Fall bedeutet dies, daß Sie sich bewußt das Kommando geben: „Los, werde rot. Noch stärker, noch stärker.“ Diese Strategie geht Ihnen höchstwahrscheinlich total gegen den Strich. Sie sollen allen Ernstes das, wogegen Sie seit Jahren ankämpfen, auch noch bewußt herbeiholen? Ja, denn die Grundidee dieses Übung ist es, daß Sie Kontrolle über Ihr Rotwerden erhalten und die Meidung aufgeben. In dem Augenblick, in dem Sie sich den Auftrag geben, zu erröten, brauchen Sie keine Angst mehr davor zu haben, daß Sie erröten könnten. Und das Paradoxe dabei ist, daß es möglicherweise, wenn Sie Ihr Erröten ganz bewußt erzeugen wollen, nur mit Mühe funktioniert.

Wenn Sie möchten, probieren Sie diese Übung einmal zuhause vor dem Spiegel und beobachten Sie Ihr Gesicht. Sie können aber auch mit dem ganz festen Vorsatz in eine Situation gehen: „Heute will ich unter allen Umständen richtig kräftig rot werden, so daß jeder es sehen kann.“

Was Sie sich merken sollten

- ★ Wenn Sie erröten, haben Sie viele Einflußmöglichkeiten, um nicht darunter zu leiden und das Erröten abzuschwächen.

- ★ Ein hilfreiches Selbstgespräch, in dem Sie sich das Erröten erlauben und als ungefährlich bewerten, reduziert Ihre Anspannung und Angst.

- ★ Ein hilfreiches Selbstgespräch, in dem Sie anderen Ablehnung erlauben und sich an Ihre Stärken erinnern, hilft Ihnen, sich wieder zu entspannen.

- ★ Indem Sie sich hilfreiche Fragen stellen und Ihre Aufmerksamkeit auf „neutrale“ Bereiche lenken, sinkt Ihre Erregung.

- ★ Wenn Sie Ihr Erröten mit positiven Worten oder weniger angstauslösenden Bildern beschreiben, verspüren Sie weniger Furcht.

- ★ Indem Sie sich in die Rolle eines beschreibenden Beobachters begeben und Ihr Erröten lediglich „beobachten und zulassen“, wird es sich abschwächen.

- ★ Wenn Sie sich das Rotwerden erlauben und bewußt verstärken, bekommen Sie Kontrolle über dieses.

11 Was soll schon passieren, wenn ich rot werde!

Wie Sie die Furcht vor dem Rotwerden überwinden können

Wir lernen am schnellsten durch Wiederholung. Deshalb hier nochmals die wichtigsten Erkenntnisse in Kurzform: Rotwerden ist eine normale körperliche Reaktion, die u.a. dann auftaucht, wenn wir in einem emotional erregten Zustand sind. Das Erröten wird dann zum Problem, wenn wir es als etwas Schlimmes, Peinliches, Gefährliches bewerten, das wir unter allen Umständen vermeiden sollten. Die Furcht vor dem Erröten ist die Folge. Sie führt dazu, daß wir bestimmte Situationen meiden und uns immer mehr zurückziehen. Da wir in jedem Augenblick unseres Lebens neu entscheiden können, wie wir eine Situation bewerten, können wir unsere Furcht vor dem Rotwerden überwinden. Die Furcht vor dem Erröten bezieht sich auf die Zukunft. Wir malen uns in der Phantasie aus und prophezeien uns, daß wir in einer bestimmten Situation erröten werden: „Bestimmt werde ich wieder erröten und es wird schrecklich sein". „Es wäre schrecklich, wenn ich erröten würde." Auch die Forderung „Ich darf in der Situation auf keinen Fall rot werden. Das wäre eine Katastrophe!" löst Furcht und Anspannung aus.

Wenn es Ihr Ziel ist, in Zukunft möglichst wenig Erwartungsangst zu empfinden und auch gleichzeitig die Wahrscheinlichkeit zu erröten, zu reduzieren, dann empfehle ich Ihnen die folgenden Strategien:

1. Nutzen Sie Ihre Vorstellungskraft.

Unser Gehirn kann nicht unterscheiden, ob wir etwas tatsächlich erleben oder es uns nur ausmalen. Deshalb können wir, indem wir uns in der Phantasie etwas ausmalen, in uns Furcht oder Vorfreude wachrufen. Bisher haben Sie sich wahrscheinlich damit beschäftigt, Ihre Furcht vor dem Erröten auszuweiten und zu verstärken. Sie haben sich immer wieder vorgestellt, wie Sie in bestimmten Situationen erröten, es als peinlich bewerten und noch mehr erröten, wie andere Sie auslachen und wie Sie völlig hilflos Ihrem Körper ausgeliefert sein werden. Die Furcht ist vielleicht schon so stark, daß Sie bestimmte Situationen vollkommen meiden. Ja, vielleicht erröten Sie sogar zuhause im stillen Kämmerlein bei dem Gedanken an eine Situation (beispielsweise vor einer Gruppe zu sprechen). Sie setzen also Ihre Vorstellungskraft bereits ein - nur nicht so, daß Sie Ihr Ziel, weniger Furcht zu empfinden und weniger erregt zu sein, erreichen. Sie üben, Erröten als Katastrophe anzusehen und als sicher zu betrachten, daß damit Ablehnung durch die anderen verbunden ist. Sie üben, in den Situationen, die Sie sich ausmalen, zu erröten. Schauen wir uns also an, wie Sie Ihre Phantasie so einsetzen können, daß diese Sie darin unterstützt, mit Ihrem Rotwerden positiv umzugehen. Hierbei hilft Ihnen die Vorstellungsübung.

Ziel der Vorstellungsübung

Die Vorstellungsübung besteht in einem **so tun, als ob ...** Sie schreiben quasi ein neues Drehbuch für sich und schlüpfen in die Rolle des Helden, anstatt in die Rolle der „tragischen Figur“. Sie malen sich aus, daß Sie Ihr Ziel bereits erreicht haben: Sie reagieren ruhig und gelassen auf Ihr Rotwerden und lassen sich nicht aus dem Konzept bringen. Sie registrieren Ihre Röte und tun genau das, was Sie auch ohne Röte in dieser Situation tun würden. Durch die Vorstellungsübung lernen Sie, mit der Situation hilfreiche Gedanken und angemessene Gefühle und Verhaltensweisen zu verknüpfen. Sie trainieren, wie Sie in einer bestimmten Situation gerne denken, sich fühlen und verhalten möchten. Sie schaffen sich eine neue Gewohnheit und ein Gefühl der Sicherheit, die Situation und Ihre Gefühle im Griff zu haben.

Vorbereitung auf die Vorstellungsübung

Wählen Sie sich eine Situation aus, in der Sie gerne positiv mit Ihrem Rotwerden umgehen wollen. Sie können hierzu die Situation aus Ihrem ABC der Gefühle aus Kapitel 10 nehmen oder jede beliebige andere. Dann entscheiden Sie sich, welche Strategien Sie einsetzen möchten, um Ihre Röte abzubauen. Ihnen stehen alle Strategien aus Kapitel 9 und 10 zur Verfügung. Achten Sie darauf, daß Sie sich sowohl eine Strategie für die körperliche Entspannung, als auch eine neue Gedankenstrategie wählen. Herr W., einer meiner Klienten, wählte sich beispielsweise folgendes Programm:

A: Situation: Ich bin in ...
Ich sitze in der Kantine am Tisch und ein Kollege setzt sich zu mir. Ich spüre, daß ich rot werde.

B: Hilfreiche Bewertung: Ich denke ...
Ich denke: Gut, jetzt werde ich rot. Mein Körper braucht Kühlung. Schön, daß der Kollege sich zu mir setzt. Worüber könnte ich mich mit dem Kollegen unterhalten?

C: Erwünschte Gefühle, Körperreaktionen und Verhalten: Ich fühle ... und verhalte mich ...
Ich fühle mich freudig erregt, voller Selbstvertrauen und frage ihn, ob er auch bald Urlaub hat. Ich atme ruhig in den Bauch und lege unauffällig meine Hand auf den Bauch.

Haben Sie das Prinzip erkannt? Sie üben in der Phantasie, sich genau so zu verhalten, wie Sie es sich wünschen. Wenn Sie die Vorstellungsübung für sich nutzen möchten, müssen Sie jetzt nur Ihre neuen Strategien parat haben. Dann kann es losgehen.

Anleitung zur Positiven Vorstellungsübung

Bringen Sie sich zunächst mit der Atemübung, Spontanentspannungs-Technik oder der Progressiven Muskelentspannung (s. Kap. 9) in einen entspannten Zustand. Dann stellen Sie sich möglichst lebendig vor, wie Sie sich in der Situation befinden, vor der Sie sich bis jetzt fürchteten. Wer ist anwesend? Was passiert? Was möchten Sie in dieser Situation gerne tun, was Sie bisher nicht oder nur mit Angst getan haben? Sehen Sie, wie Sie genau das tun. Spüren Sie, wie langsam die Röte und Wärme in Ihnen aufsteigen. Spüren Sie alle körperlichen Signale, die Sie von sich in diesen Situationen kennen. Nun sehen Sie, wie Sie Ihr Alternativprogramm einsetzen: Sie nehmen eine selbstsichere Körperhaltung ein, nutzen Ihr selbstsicheres Signalwort, Bild oder die Geste. Sie spüren, wie sich die Sicherheit in Ihnen breitmacht. Sie atmen langsamer oder entspannen Ihre Muskeln. Sie spüren, wie die Anspannung nachläßt. Nun setzen Sie Ihr neues Gedankenprogramm ein (Beispielsweise: hilfreiches Selbstgespräch, neue Fragen, neue Bilder, Humor, beobachten und zulassen). Sie spüren, wie sich Ruhe und Gelassenheit in Ihnen ausbreitet. Sie bleiben so lange in der Situation, bis Sie das erreicht haben, was Sie sich vorgenommen haben.

Die Vorstellungsübung sollten Sie mindestens 30 Tage lang jeweils dreimal täglich für 10 Minuten durchführen. Sie stärken damit Ihre innere Sicherheit, Ihr Erröten vollkommen im Griff zu haben.

2. Stellen Sie bessere Fragen.

Sie wissen bereits, daß Ihre Fragen bestimmen, womit

Sie sich beschäftigen und in welche Richtung Sie weiterdenken. Ersetzen Sie deshalb die Frage „Was, wenn ich rot werde ...?“ durch eine der folgenden Fragen:

„Was kann ich tun, um mit dem Rotwerden meine Ziele, die ich in der Situation habe, zu erreichen?“
„Wie kann ich mein Rotwerden am schnellsten wieder zum Abklingen bringen?“

Vielleicht gehören Sie auch zu der Gruppe von Betroffenen, die sich permanent damit beschäftigen, was andere über sie und ihr Rotwerden denken könnten. Sie konzentrieren sich auf Fragen wie: „Was werden die anderen von mir denken?“ „Was, wenn sie mich ablehnen?“ „Was, wenn sie mich auslachen und für dumm halten?“ Solche Fragen machen Sie zum Opfer. Sie wissen nicht, was andere denken. Und wenn sie wirklich schlecht über Sie denken, dann können Sie es auch nicht ändern. Die anderen können und dürfen Sie, wann immer sie es wollen, ablehnen und eine negative Meinung von Ihnen haben.

Wenn Sie sich besser fühlen möchten, dann müssen Sie diese Fragen durch neue, hilfreiche Fragen ersetzen:

„Wie möchte ich mich verhalten?“
„Was halte ich für richtig?“
„Was kann ich tun, damit ich mich annehmen kann?“
„Was habe ich anzubieten?“
„Was möchte ich für mich erreichen?“
„Was tut mir gut in dieser Situation?“
„Was kann ich tun, damit es mir gutgeht, auch wenn andere mich ablehnen oder nicht ernst nehmen?“
„Was soll schon passieren, wenn andere mich ablehnen?“

Die Frage „Werde ich ankommen?“ können Sie ersetzen durch:

„Was habe ich anzubieten?“
„Was kann ich anderen geben?“

„Auf was kann ich in mir vertrauen?“
„Welche positiven Erfahrungen werde ich machen?“
„Was kann ich dazulernen?“

Die neuen Fragen helfen Ihnen dabei, Ihren Blick weg von der vermeintlichen Katastrophe zu lenken. Sie sind damit in der Kontrolle der Situation und Ihrer Gefühle. Ihr Gehirn sucht nach Lösungen, statt sich Katastrophen auszumalen. Sie sind der Maßstab und Sie entscheiden, was richtig und falsch ist.

Welche hilfreichen Fragen möchte ich mir in Zukunft stellen?

....

Unterbrechen Sie Ihre negativen Fragen, wann immer sie auftauchen, und ersetzen Sie diese durch Ihre neuen Fragen. Gut ist es, begleitend eine Atem- oder Entspannungsübung zu machen.

3. Bereiten Sie sich auf das Schlimmste vor.

Wenn Sie zu den eingefleischten Katastrophendenkern gehören, d.h. sich immer schon im vorab ausmalen, welche „allerschlimmste Katastrophe“ passieren könnte, dann sollten Sie Ihre Katastrophengedanken und Ihren Katastrophenfilm ganz bewußt zu Ende denken UND nicht ruhen, bevor Sie Lösungsmöglichkeiten gefunden haben. Stellen Sie sich die folgenden Fragen.

- **Was wäre das Schlimmste, was passieren könnte?**
  (Z.B. *daß ich erröte, alle es sehen und alle sich den Bauch vor Lachen halten*)
- **Wie wahrscheinlich ist es, daß das passiert, was ich mir als Katastrophe ausmale?**
  (Z.B. *Es ist nicht sehr wahrscheinlich, daß alle sich den Bauch vor lachen halten. Manche werden mein Erröten gar nicht*

bemerken. Andere werden es bemerken und nichts sagen. Wieder andere machen vielleicht nur eine Bemerkung und lächeln. Einige könnten sogar laut herauslachen.)

- **Bin ich dann wirklich in Lebensgefahr?**
  (z.B. *Nein, in wirklicher Lebensgefahr bin ich nicht. Mein altes Gedankenprogramm behauptet lediglich, daß ich in Gefahr bin. In Wirklichkeit kann es lediglich unangenehm sein.*)
- **Wie kann ich damit umgehen?**
  (z.B. *Ich kann denken: Lacht ihr nur. Ich weiß nicht, was da lächerlich daran ist, wenn mein Körper sich ganz normal verhält und sich bei Überhitzung abkühlt. Oder: Ihr dürft ruhig lachen. Ich kümmere mich um meine Entspannung, atme ruhig und lasse die Muskeln locker. Oder: Aha, das habe ich erwartet, daß ihr euch so verhaltet. Ich kenne euch gut und habe recht gehabt.*)

Bringen Sie sich dann in Ihre selbstsichere Körperhaltung und stellen Sie sich möglichst lebendig vor, wie sich diese von Ihnen ehemals als schlimm bewertete Katastrophe ereignet. Sehen Sie, wie Sie erröten und andere lachen, wie Sie mit Fingern auf Sie deuten, wie sie Sie darauf ansprechen, daß Sie erröten. Sehen Sie, wie Sie damit umgehen können, d.h. hilfreiche Gedanken einsetzen, sich auf den Atem konzentrieren, usw. Sehen Sie weiterhin, wie Sie ganz ruhig bleiben und sich in Ihren Zielen nicht beirren lassen und die Röte langsam nachläßt.

Sie schaffen sich mit dieser Vorstellungsübung ein Bewältigungsprogramm für den „Supergau“ und nehmen ihm dadurch den Schrecken.

4. Unterbrechen Sie Ihren Katastrophenfilm.

Negative Phantasien und Bilder erzeugen negative Gefühle und Anspannung in uns. Je mehr Raum wir ihnen einräumen, um so angespannter sind wir, um so stärker wächst unsere Angst. Deshalb sollten Sie in der Zukunft Ihren Katastrophenfilm so schnell wie möglich durch ein innerliches **Stopp-Rufen** unterbrechen. Entspannen Sie dabei

Ihre Muskeln und lenken Sie Ihre Aufmerksamkeit dann auf neutrale oder angenehme Bilder. Dies kann eine Szene aus dem Urlaub oder das Streicheln der Katze oder sonst etwas sein, wobei Sie sich richtig wohlfühlen. Versuchen Sie, möglichst zu spüren, wie wohl Sie sich fühlen, zu sehen, was Ihnen guttut, und zu hören, was in der schönen Szene zu hören ist. Sie sehen, hören, spüren, riechen, schmecken, was Sie in der Situation erleben. Je mehr Sinnesebenen Sie ansprechen, um so deutlicher spüren Sie die Entspannung und das Wohlgefühl.

Nochmals den Ablauf: Unterbrechen Sie **sobald und jedesmal**, wenn die Katastrophenvorstellung auftaucht, durch Gedankenstopp, Entspannung der Muskeln und neutrale oder angenehme Vorstellungsbilder.

5. Begeben Sie sich in die Zuschauerposition.

Ihre Furcht vor dem Erröten erhalten Sie aufrecht, indem Sie Ihr traumatisches Erlebnis vom Erröten immer wieder wie einen inneren Film ablaufen lassen. Sie sehen sich darin wahrscheinlich mit hochrotem Kopf oder verspüren die Wärme und ebenso all die anderen „schlimmen“ Konsequenzen, die Sie mit dem Ereignis verknüpfen. Und Sie hören vielleicht, wie andere Ihre Röte abfällig kommentieren oder über Sie lachen.

Um aus diesem Kreislauf auszubrechen, steht Ihnen noch eine weitere sehr wirkungsvolle Strategie zur Verfügung.

Übung

Bringen Sie sich zunächst einmal in einen positiven Zustand. Setzen Sie sich aufrecht hin und atmen Sie tief ein und aus. Rufen Sie Ihren selbstsicheren Zustand mit Ihrem persönlichen Signal (s. Kap. 9) ab. Fühlen Sie sich selbstsicher und unerschütterlich. Dann stellen Sie sich vor, Sie sitzen als Zuschauer in einem Kino. Sehen Sie als nächstes, wie Sie Ihren Körper verlassen und hinaufschweben in den Projektionsraum des Kinos. Wenn Sie hinuntersehen, können Sie sich selbst im Zuschauerraum sitzen und auf die Leinwand blicken sehen. Schauen Sie nun auf die Leinwand. Gezeigt wird auf der Leinwand ein Schwarzweiß-Film über eine Situation, in der Sie erröteten und dies als sehr peinlich erlebten. Schauen Sie dann wieder auf sich hinunter. Sie sehen sich als Zuschauer den Schwarzweiß-Film bis zum Ende der traumatischen Situation betrachten. Setzen Sie sich wieder ganz bewußt aufrecht und voller Selbstvertrauen hin. Lassen Sie nun den Schwarzweiß-Film auf der Leinwand in Bewegung kommen und extrem schnell rückwärts abspulen, d.h. Ihr Film startet beispielsweise mit dem Kommentar oder Lachen Ihres Gegenübers und endet beim Beginn dieser für Sie unangenehmen Situation. Der Film läuft mit hoher Geschwindigkeit rückwärts, bis zum Beginn dieser Situation. Es erscheint Ihnen wie ein Slapstickfilm, der Sie zum Schmunzeln bringt.

Am Anfang des Erlebnisses angekommen, lassen Sie ihn in doppelter Geschwindigkeit vorwärts laufen bis zum Ende der Erlebnisses. Dann wieder so schnell wie möglich rückwärts, wieder vorwärts und wieder rückwärts. Wiederholen Sie das Ganze zehnmal. Stellen Sie sich die Szene dabei jedesmal etwas bizarrer vor. Lassen Sie eine lustige Musik mitlaufen, hören Sie sich und andere mit Micky Maus-Stimmen sprechen. Lassen Sie den Film einen Blaustich erhalten oder ganz unscharf werden.

Auf diese Weise löschen Sie Ihren alten Katastrophenfilm. Schließlich sollte es Ihnen nicht mehr möglich sein, mit der Erfahrung Anspannung und Furcht zu verknüpfen. Stattdessen sollten Sie schmunzeln oder zumindest eher neutrale Gefühle verspüren. Sollten Sie dennoch Ihre negativen Gefühle immer noch verspüren, wiederholen Sie die Strategie nochmals von vorne.

6. Verändern Sie einzelne Elemente Ihres Katastrophenfilms.

In Kapitel 6 sprachen wir darüber, daß unsere inneren Filme nie die wirkliche Realität abbilden. Wir nehmen in einer Situation nur bestimmte Merkmale wahr, da wir sonst mit all den auf uns einströmenden Reizen überfordert sind. Außerdem erinnern wir unsere Erfahrungen in ganz charakteristischer Weise. Ob wir Erinnerungen beispielsweise in lebendigen Farben, Großaufnahme mit lauten Geräuschen oder in Schwarzweiß-Fassung, verschwommen und aus großer Distanz auf unserem inneren Bildschirm sehen, bestimmt über die Art und Stärke unserer Gefühle. Wenn Sie mit Ihren inneren Bildern experimentieren möchten, können Sie einmal folgendes ausprobieren:

1. Rufen Sie sich Ihr Bild in Erinnerung, das in Ihnen Furcht vor dem Erröten auslöst. Wie sehen der Ort, die Größe und Einzelheiten des Bildes aus? Beispielsweise sehen Sie sich im Gespräch mit einer Nachbarin. Hauptblickpunkt ist Ihr hochroter Kopf.

2. Nehmen Sie wahr, was Sie in Ihrem Körper empfinden, wenn Sie an dieses Bild denken.

3. Lassen Sie dieses innere Bild nun zu einem ganz kleinen schwarzweißen Foto schrumpfen, das Sie links unten und einige Meter entfernt auf dem Boden sehen. Machen Sie es so klein, bis Ihre Furcht sich merklich abschwächt.

4. Statt Ihr Bild in ein Schwarzweiß-Bild zu verwandeln, können Sie sich auch vorstellen, es würde ganz dunkel oder ganz hell werden, so daß Sie darauf nichts mehr erkennen können.

Sofern Sie ein Mensch sind, der sich Bilder nur schwer vorstellen kann, könnte es sein, daß Sie mit dieser Übung

Schwierigkeiten haben. Dann wählen Sie sich einfach eine der anderen Übungen aus.

Was Sie sich merken sollten

★ Die Furcht vor dem Erröten bezieht sich auf die Zukunft. Sie malen sich in der Phantasie aus, daß Sie in einer bestimmten Situation erröten werden.

★ Die Furcht vor dem Erröten ist die Folge davon, daß Sie das Erröten als etwas Schlimmes, Peinliches, Unerträgliches bewerten. Sie führt dazu, daß Sie bestimmte Situationen, die Sie mit dem Erröten verknüpfen, vermeiden.

★ Sie müssen Ihren Katastrophenfilm so schnell wie möglich durch ein inneres Stopp-Rufen unterbrechen und durch eine positive Vorstellung ersetzen, in der Sie sich ausmalen, wie Sie angemessen mit Ihrem Erröten umgehen.

★ Wenn Sie sich schon damit beschäftigen, sich auszumalen, daß Sie erröten, dann sollten Sie so lange weiterdenken, bis Sie für die in Ihren Augen schlimmste Katastrophe eine Bewältigungsstrategie entwickelt haben.

★ Ersetzen Sie die Fragen „Was, wenn andere mich ablehnen" oder „Was, wenn ich erröte" durch hilfreiche Fragen. Z.B.: „Was kann ich tun, um mit dem Rotwerden mein Ziel zu erreichen?" oder „Was kann ich anderen geben?"

★ Sie können Ihre Erwartungsangst abbauen, indem Sie Ihre gefürchtete Situation auf Ihrem inneren Bildschirm als kleines Schwarzweiß-Foto, links unten und einige Meter entfernt auf dem Boden sehen.

12 Ich bin in Ordnung, so wie ich bin!

Wie Sie Ihr Selbstvertrauen stärken können

Wer ein starkes Selbstvertrauen hat, den kann Erröten, wenn überhaupt, dann nur kurzfristig aus der Bahn werfen. Er wird es als ganz natürliche Reaktion oder als kleinen Ausrutscher verbuchen und seinen Blick wieder auf seine Stärken und Ziele im Leben lenken. Haben wir andererseits ein geringes Selbstvertrauen, so konzentrieren wir uns auf unsere Schwächen. Das Rotwerden steht dann im Zentrum unserer Aufmerksamkeit. Sollen wir uns beschreiben, so fällt uns dazu als allererstes ein, daß wir „ganz fürchterlich erröten". Und je mehr wir uns auf unsere Schwächen konzentrieren, um so weniger trauen wir uns tatsächlich zu, um so mehr werden wir verunsichert, um so mehr hindern wir uns daran, uns neues Wissen anzueignen und unsere Fähigkeiten voll auszuschöpfen, um so weniger Selbstvertrauen haben wir ... Wir sind in einem Kreislauf gefangen, aus dem es kein Entrinnen zu geben scheint.

Wir werden jedoch nicht mit oder ohne Selbstbewußtsein geboren. In unserer Kindheit lernen wir durch die Erfahrungen mit unseren Eltern, Geschwistern, Lehrern, Gleichaltrigen und Verwandten, wie wir uns und die Welt sehen und was wir uns zutrauen. Ohne zu überprüfen, übernehmen wir deren Bewertungen, Urteile und Etikettierungen. Wir kommen schließlich zu dem Schluß, in irgendeiner Weise unfähig und ablehnenswert zu sein. Bis wir erwachsen sind, haben wir eine festgeprägte Meinung über uns selbst, bewerten unsere Erfahrungen immer in ähnlicher Weise und suchen immer wieder nach einer Bestätigung unserer Einstellung uns gegenüber. Zu jedem Zeitpunkt unseres Lebens steht es uns jedoch frei, unsere Einstellungen zu überprüfen und zu korrigieren, wenn sie sich als unangemessen und wenig hilfreich entpuppen.

Wollen Sie gerne mehr in sich ruhen, sich mehr zutrauen, für Ihre Rechte eintreten, Neues wagen, sich mehr annehmen, mit Kritik gelassener umgehen ...? Dann benötigen Sie die Einstellungen von Menschen, die sich so verhalten. Deren Selbstgespräch lautet z.B.: *„Ich bin in Ordnung, wie ich bin. Ich akzeptiere meine Stärken und Schwächen. Was auch immer auf mich zukommt, ich kann eine Lösung finden. Ich habe ein Recht, meine Bedürfnisse und Wünsche zu äußern. Gleichgültig, was ich leiste und was andere über mich denken, ich bin ein liebenswerter Mensch".*

Wenn Sie ebenso denken und sich genauso verhalten wie selbstsichere Menschen, werden Sie bei sich die gleichen Gefühle und Körperreaktionen bewirken. Das ist das ganze Geheimnis.

Ich habe für Sie eine Reihe von Übungen zusammengestellt, mit deren Hilfe Sie Ihr Selbstvertrauen aufbauen und stärken können. Lesen Sie die Übungen zunächst einmal durch und entscheiden Sie dann, welche Sie als erste umsetzen möchten. Sie können bei der Auswahl keinen Fehler machen, denn jede einzelne Übung wird eine positive Veränderung bei Ihnen bewirken. Da unser Selbstvertrauen eine der wichtigsten Grundlagen für unser seelisches Wohlbefinden darstellt, sollten Sie immer einmal wieder zu diesem Kapitel zurückkehren - unabhängig von Ihrem Erröten.

Wie Sie Ihr Selbstvertrauen stärken

1. Erinnern Sie sich an ein Erfolgserlebnis.
Rufen Sie sich ganz lebendig eine Situation in Erinnerung, in der Sie sich sicher, erfolgreich, unschlagbar und fähig gefühlt haben. (In Kap. 9 haben Sie sich bereits an eine solche Erfahrung erinnert). Waren Sie allein in der Situation oder war jemand anwesend? Was haben Sie gesehen? Was haben Sie gehört? Was haben Sie getan oder vollbracht? Was haben Sie in dieser Situation über sich und Ihre Fähigkeiten gedacht? Was haben Sie verspürt? Wie haben Sie geatmet? Welche Körperhaltung haben Sie eingenommen?

Übung

Stellen oder setzen Sie sich jetzt gleich einmal genau in der selben Art und Weise hin, fühlen und verhalten Sie sich in derselben Weise. Sagen Sie sich die Worte, die Sie damals zu sich gesagt haben - in genau demselben Tonfall. Überwinden Sie Ihr Gefühl, sich albern vorzukommen, und versetzen Sie sich in eine solche Situation. Stellen Sie sich vor, daß Sie die Situation genau wie damals wiedererleben. Prägen Sie sich die Gefühle, Körpersprache und Gedanken ein. Wann immer Sie sich unsicher fühlen, können Sie auf dieses Stärkegefühl zurückgreifen und es sofort in Ihrem Körper wachrufen. Sie müssen dazu lediglich die gleiche Körperhaltung wie damals einnehmen und sich dieselben Worte sagen. Je häufiger Sie sich diese Situation ganz lebendig in Erinnerung rufen, um so leichter fällt es Ihnen.

Wenn Sie in Kap. 9 mit diesem Gefühl bereits ein Signal (Wort, Bild oder Geste) verknüpft haben, genügt dieses Signal, um sich in diesen Zustand zu versetzen. Wenn nicht, blättern Sie zurück zu Kap. 9 und eignen sich die Strategie jetzt an.

2. Erstellen Sie eine Liste mit den Stärken, Fähigkeiten und positiven Eigenschaften, die Sie besitzen.
Selbstunsichere Menschen sind Spezialisten darin, sich klein zu machen und abzuwerten. Sie suchen krampfhaft nach Schwächen und Fehlern, die sie sich immer wieder vor Augen führen. Ihre Leitfragen lauten: *„Was fehlt mir, das andere besitzen?“ „Was kann mir Schlimmes passieren?“ „Wo könnte ich versagen?“ „Wer könnte mich ablehnen?“ „Was wird der andere Negatives von mir denken?“ „Warum passiert das immer mir?“*

Die traurige Auswirkung dieser Fragen ist, daß unser Gehirn, wenn wir ihm solche Fragen stellen, unmittelbar und sofort nach Antworten sucht. Wer Schwächen sucht, wird auch immer irgendwelche Schwächen finden, denn kein Mensch ist vollkommen. Wer glaubt, abgelehnt zu werden, wird auch immer „Beweise“ dafür finden. Wer glaubt, ein Versager zu sein, wird Erfolge unter Zufall oder Glück abbuchen. Komplimente wird er damit abwerten, daß andere nur etwas von ihm wollten oder Mitleid hätten. Wer glaubt, daß andere negativ über ihn denken, wird zum Gedankenleser und immer vermuten, daß der andere negativ denkt - selbst wenn dieser das Gegenteil beteuert. Wer nach einem Grund sucht, warum immer ihm Schlimmes widerfährt, wird eine Ursache in seiner Person finden.

Wenn Sie Ihr Selbstvertrauen stärken wollen, müssen Sie Ihre Blickrichtung ändern. Sie müssen sich neue Fragen stellen, deren Antworten Sie stärken:

„Welche **Stärken** und positiven Eigenschaften besitze ich?“
„Worauf kann ich **stolz** sein?“
„Was **gefällt** mir besonders gut an mir?“
„Welches sind meine größten **Erfolge**, die ich bisher im Leben erreicht habe?“
„Was kann ich anderen Menschen **geben**?“

Haben Sie bemerkt, wie diese Fragen Ihre Denkrichtung

sofort vollkommen verändern? Sie suchen nach Ihren positiven Eigenschaften und Erfahrungen. Die Fragen gehen davon aus, daß Sie selbstverständlich Stärken besitzen, stolz auf sich sein können, sich gefallen, Erfolge zu verbuchen haben und anderen etwas geben können.

Nehmen Sie gleich Ihr Tagebuch zur Hand und notieren Sie sich Ihre Antworten auf diese Fragen. Falls Ihnen auf Anhieb keine Antworten einfallen, dann heißt dies nicht, daß Sie keine Stärken und positiven Eigenschaften besitzen. Es heißt lediglich, daß Sie mehr darauf trainiert sind, Ihre Schwächen aufzuzählen, und/oder daß Sie einen zu harten Maßstab anlegen. Die Aufgabe besteht nicht darin, Eigenschaften und Fähigkeiten aufzuzählen, die sonst niemand auf der Welt hat oder die Sie hundertprozentig immer und überall zeigen.

Hat Sie das noch immer nicht überzeugt und ermutigt, Ihre Stärken aufzuzählen und die Fragen zu beantworten? Dann können Sie die Fragen auch umformulieren:

Welche Stärken könnte ich aufzählen, wenn ich es wirklich wollte?
Worauf könnte ich stolz sein, wenn ich es wirklich wollte?
Was könnte mir gut an mir gefallen, wenn ich es wirklich wollte?
Welchen Erfolg könnte ich aufzählen, wenn ich es wirklich wollte?
Was könnte ich finden, was ich anderen Menschen geben könnte, wenn ich es wirklich wollte?

Also an die Arbeit. Ruhen Sie nicht, bis Sie pro Frage mindestens drei Antworten aufgeführt haben. (Natürlich sollte es keine Wiederholungen geben!)

Meine positiven Eigenschaften, Verhaltensweisen und Erfahrungen sind:

1. Meine Stärke ist, daß .... oder
   Meine Stärke könnte sein, daß ....

2. Ich bin stolz darauf, daß .... oder
   Ich könnte stolz darauf, daß ....

3. Mir gefällt besonders gut an mir, daß .... oder
   Mir könnte besonders gut gefallen, daß ....

4. Einer meiner größten Erfolge ist, daß .... oder
   Einer meiner größten Erfolge könnte sein, daß ....

5. Ich kann anderen Menschen geben .... oder
   Ich könnte anderen Menschen geben ....

Vervollständigen Sie die Liste, auch wenn Ihnen der Einwand in den Kopf kommt, daß Eigenlob stinkt und Sie nicht überheblich oder selbstherrlich sein wollen. Bei der Aufzählung Ihrer Schwächen zieren Sie sich sicherlich auch nicht so. Sie sind weder hundertprozentig gut noch schlecht. Sie sind ein Mensch mit Stärken und Schwächen. Also steht es Ihnen auch zu, sich einmal auf Ihre Stärken zu konzentrieren und sich diese bewußtzumachen. Bevor Sie andere mögen können, müssen Sie erst einmal sich selbst mögen. Es kommt also durchaus auch anderen zugute, sich selbst anzunehmen. Wenn Sie sich selbst nicht mögen, sind Sie zudem immer abhängig von der Anerkennung durch andere.

Übung

Sobald Ihre Liste pro Frage mindestens 3 Punkte beinhaltet, stehen Sie bitte auf und **zählen laut Ihre Vorzüge auf**. Nehmen Sie die Körperhaltung eines Menschen ein, der absolut überzeugt von seinen Vorzügen ist. Sprechen Sie mit lauter, selbstbewußter Stimme und atmen Sie tief ein und aus. Zeigen Sie den Gesichtsausdruck, der Ihrer Meinung nach Selbstbewußtsein signalisiert. Dies mag Ihnen zunächst so vorkommen, als ob Sie schauspielern. Vielleicht schämen Sie sich oder finden das Ganze lächerlich. Vielleicht ist Ihnen auch nach Weinen zumute oder Sie sind ärgerlich auf mich, die ich Ihnen eine solche Übung zumute. Dies ist in Ordnung. Sie erinnern sich an die 5 Phasen des Umlernens - die 3. Stufe, den Widerspruch zwischen Kopf und Bauch? Sie befinden sich in der Phase, in der Sie so tun, als ob Sie schon selbstbewußt sind, und quasi jede Faser Ihres Körpers signalisiert, daß dies nicht stimmt. Ihr Körper und Ihre Gefühle arbeiten im Augenblick noch gewohnheitsmäßig nach Ihrem alten negativen Gedankenprogramm. Dieser Widerspruch zeigt an, daß Sie sich auf dem Weg der Veränderung befinden. Er ist ein positives Signal.

Übrigens, falls Sie zu denjenigen gehören, die bei Lob rot werden, deutet dies auf ein niedriges Selbstbewußtsein hin. Die Überzeugung, liebenswert zu sein und Lob verdient zu haben, hilft Ihnen dann dabei, nicht mehr zu erröten.

Führen Sie diese Übung täglich für die nächsten 30 Tage zwei- bis dreimal durch. Achten Sie darauf, laut, deutlich und überzeugt zu sprechen und dabei Ihre selbstbewußte Körperhaltung einzunehmen. Sie beeinträchtigen den Wert der Übung, wenn Sie den Text herunterleiern. Mit der Zeit geht Ihnen Ihre positive Sichtweise von sich sozusagen in Fleisch und Blut über. Sie können dann auch leichter das „Risiko“ eingehen, wegen des Errötens abgelehnt zu werden, denn es bedeutet in Ihren Augen keine Lebensgefahr mehr.

Ein Ziel dieser Übung ist es, sich generell gegen Kritik, Ablehnung und Mißerfolg zu immunisieren. Wenn Sie davon überzeugt sind, in Ordnung und liebenswert zu sein, dann können Ihnen Fehler und Ablehnung nichts anhaben. Sie führen dann höchstens zu Enttäuschung und leichter Unzufriedenheit, aber nicht zu Depressionen und Selbsthaß. Sie sehen sie dann als eine Momentaufnahme, die keinesfalls Ihre gesamte Person in Frage stellt.

3. Nehmen Sie sich mit Ihren Schwächen an.
Selbstunsichere Menschen konzentrieren sich auf ihre vermeintlichen Schwächen, übertreiben sie in ihrer Bedeutung und verurteilen sich für sie. Sie fordern Perfektheit von sich, um sich akzeptieren zu können: „Erst wenn ich ... tue oder ... habe, bin ich in Ordnung". „Wenn ich einen Fehler mache, heißt das, ich bin ein vollkommener Versager". Sie verstecken den Fehler vor anderen, weil sie befürchten, daß andere sie ebenso ablehnen würden wie sie sich selbst.

Um mehr Selbstbewußtsein zu entwickeln, müssen Sie auch Ihre Schwächen annehmen - zumindest für den Augenblick, sofern Sie sie noch verändern möchten oder können. Nehmen Sie Ihr Tagebuch zur Hand und ziehen Sie auf einer Seite eine Linie von oben nach unten und unterteilen somit das Blatt in zwei gleiche Hälften. Dann zählen Sie in der linken Spalte Ihre Eigenschaften und Verhaltensweisen auf, die Sie als Schwäche ansehen. (Wahrscheinlich können Sie dabei beobachten, wieviel leichter es Ihnen im Gegensatz zu den Stärken fällt, Ihre Schwächen aufzuzählen.) In der rechten Spalte notieren Sie, welche positiven Seiten diese vermeintlichen Schwächen haben könnten.

Was ich als Schwäche ansehe:	**Wobei sie mir hilft:**
Ich mag nicht an mir, daß ich ...	Positiv daran ist, daß ...

So kann man beispielsweise die Beschreibung „Ich bin sensibel“ sowohl positiv als auch negativ sehen. Negativ ist, daß man sich schnell verletzt fühlt und leicht aus dem Gleichgewicht gerät. Positiv ist, daß man sich in andere hineinversetzt und mitfühlend ist.

Höchstwahrscheinlich haben Sie bei den Schwächen als erstes das Erröten notiert und fragen sich jetzt, was daran wohl positiv sein könnte. Überlegen Sie einmal, was Sie über einen Menschen denken würden, der niemals verlegen ist - Sie würden ihn wahrscheinlich als unsensibel, frech, kalt, ohne Herz oder unnahbar beschreiben. Ein wenig Empfindlichkeit der eigenen Reaktion gegenüber und Einfühlungsvermögen und Empfindsamkeit anderen gegenüber kann durchaus auch positiv sein. Ihr Erröten zeigt zudem an, daß Ihr Körper gut auf Ihr Kommando hört und bei der Bewertung „Gefahr“ mit Anspannung reagiert. Er achtet auf das körperliche Gleichgewicht und kühlt die Temperatur herunter. Ihr Erröten schützt Sie wahrscheinlich zudem davor, sich Kritik auszusetzen, sich durch Forderungen unbeliebt zu machen, etc., denn Sie meiden diese Situationen.

Also bleiben Sie am Ball und überlegen Sie, was Sie an Ihren Schwächen Positives finden könnten. Wenn Sie gar nicht weiterkommen, hilft es Ihnen vielleicht auch, sich in andere hineinzuversetzen: Was finden andere Positives an Ihren Schwächen und was haben sie Ihnen gegenüber wahrscheinlich sogar schon einmal direkt Positives geäußert? Sie können sich auch überlegen, wie Sie dieselben Schwächen bei anderen bewerten. Gewöhnlich fällt es uns leichter, in der Schwäche anderer etwas Positives zu entdecken. Anderen gegenüber lassen wir wesentlich mehr Milde walten als uns gegenüber.

Übung

Sobald Sie hinter jeder Ihrer Schwächen etwas Positives vermerkt haben, nehmen Sie wieder eine selbstbewußte Körperhaltung ein und sagen sich laut:
„Im Augenblick zeige ich ... Verhalten.
Es bringt mir den Nachteil, daß ich ...
Es bringt mir den Vorteil, daß ...
Ich bin bereit, zu akzeptieren, daß ich im Augenblick dieses ... Verhalten habe“.

Gehen Sie in dieser Art und Weise nacheinander jeden Punkt Ihrer Liste durch. Erinnern Sie sich daran: Jeder Mensch hat Stärken und Schwächen. Sie haben die Entscheidung, Ihre Schwächen für den Augenblick anzunehmen und sich zu überlegen, wie Sie diese ausmerzen können. Hierzu müssen Sie zunächst wissen, wie Sie entstanden sind und durch welche Gedanken, Gefühle und Verhaltensmuster sie aufrechterhalten werden. Sich lediglich dafür zu verurteilen oder zu fordern, sich ab morgen anders zu verhalten, führt auf keinen Fall zu einer Veränderung. Im Gegenteil, meist verstärkt es die Schwächen.

4. Trennen Sie zwischen Ihrem Verhalten und Ihrer Person.

Das Rotwerden ist nur ein einziges Merkmal Ihrer gesamten Person. Würde in einer Kontaktanzeige lediglich die Beschreibung stehen: „Ich erröte häufig und stark“, könnten Sie damit überhaupt nichts anfangen. Sie wüßten nichts über das Alter, den Bildungsstand, die Interessen, die Charaktereigenschaften des Inserenten und seine Vorstellungen von der Partnerschaft. Sie wüßten lediglich, daß dieser Mensch seine gesamte Aufmerksamkeit auf das Erröten richtet. Ganz sicher würden Sie ihn deshalb weder heiraten noch ablehnen. Wenn Sie wegen des Errötens keinen Kontakt mit ihm aufnehmen würden, würden Sie sehr viel verpassen - nämlich, was ihn sonst als Mensch auszeichnet.

Mit Übung 2 dieses Kapitels helfen Sie sich dabei, Ihren Blick vom Erröten weg auf Ihre anderen Eigenschaften zu lenken. Die Summe all Ihrer Merkmale, Eigenschaften, Erfahrungen, Gedanken-, Gefühls- und Verhaltensmuster beschreibt Sie zu einem bestimmten Augenblick in Ihrem Leben. Im nächsten Augenblick wird diese Summe bereits durch neue Erfahrungen ergänzt. Dies bedeutet, daß niemand Sie jemals umfassend beschreiben kann, weil er Ihre Entwicklungsmöglichkeiten und zukünftigen Erfahrungen nicht kennt. Deshalb kann auch niemand den Wert einer Person definieren. Es macht auch keinen Sinn, einen Menschen als minderwertig oder ablehnenswert zu beurteilen. Wir können ledglich sagen, daß er zu einem bestimmten Zeitpunkt ein bestimmtes Verhalten zeigt, was wir nicht mögen oder ablehnen. Der Wert eines Menschen hängt nicht von seiner Leistung und seinem Verhalten ab. Ein einziges Verhalten ist vergleichbar mit einem Mosaiksteinchen, aus dem man nicht auf das gesamte Mosaik schließen kann. Es gibt also keine minderwertigen Menschen. Warum also sollten Sie sich weiterhin wegen des Errötens als minderwertig ansehen? Sie sind lediglich ein Mensch, der im Augenblick die Gewohnheit hat, in bestimmten Situationen mit Rotwerden zu reagieren.

5. Erlauben Sie anderen, eine eigene Meinung zu haben. In jedem bewußten Augenblick Ihres Lebens bewerten Sie sich und/oder andere Menschen und Situationen. Jeder, der Ihnen begegnet, verhält sich ebenso. So ist es möglich, daß er Sie wegen des Errötens oder einer anderen Eigenart oder Verhaltensweise beurteilt und ablehnt. Diese Ablehnung ist lediglich seine Meinung. Sie ist abhängig von seiner Vorerfahrung, seinen Erwartungen und seiner momentanen Stimmung. Im nächsten Augenblick, wenn er besserer Stimmung ist, Sie besser kennt, selbst andere Erfahrungen gesammelt oder seine Erwartungen verändert hat, kann sich seine Meinung ändern. Seine Meinung sagt in Wirklichkeit absolut nichts über Sie aus, sondern über seine Person und seine Sichtweisen. Sie können daraus nicht folgern, daß Sie generell und für alle Zeiten für jeden Menschen ablehnenswert sind. Achten Sie also auf Ihre Bewertungen und Schlußfolgerungen. Fragen Sie sich bei Kritik oder Ablehnung: „Gibt es etwas an der Kritik, was mir hilft?“ „Was sagt die Kritik oder Ablehnung über den anderen aus?“

6. Weigern Sie sich, sich für Fehler oder Mißgeschicke zu verurteilen.
Selbstunsichere Menschen neigen dazu, ihren Blick auf ihre Fehler zu lenken und sich dafür zu verurteilen. Sie dramatisieren das Ausmaß ihres Fehlers und dessen Bedeutung für ihr Leben.
Wenn Sie Ihr Selbstwertgefühl stärken wollen, müssen Sie Ihre Fehler für den Augenblick akzeptieren. Sie werden wie alle Menschen unwissend geboren, können die Zukunft nicht vorhersehen und werden deshalb immer wieder Fehler machen - gleichgültig wie sehr Sie von sich Fehlerlosigkeit fordern. Stellen Sie sich, wann immer Sie sich bei Selbstvorwürfen ertappen, die Frage:
„Was würde der Fehler für mein Leben bedeuten, wenn ich auf dem Sterbebett liegen und auf mein Leben zurückblikken würde?“

Mit dieser Frage helfen Sie sich dabei, Ihren Fehler zu relativieren. Hören Sie auf, Ihren Wert von Ihrer Leistung abhängig zu machen. Sie sind bereits wertvoll, weil jeder Mensch wertvoll ist. Es genügt, wenn Sie den Fehler akzeptieren, über eine mögliche Wiedergutmachung oder Korrektur nachdenken und überlegen, wie Sie ihn in Zukunft vermeiden können.

7. Stellen Sie sich hilfreiche Fragen.
Beantworten Sie sich jeden Abend vor dem Schlafengehen die Fragen:

Was habe ich heute **dazugelernt**?

Was hat mir **Spaß** gemacht?
Was habe ich **verbessert**?
Worauf kann ich heute **stolz** sein?
Wofür bin ich heute **dankbar**?

Sie regen mit diesen Fragen Ihr Gehirn an, sich auf das Positive zu konzentrieren, und damit, Ihr Selbstbewußtsein zu stärken. Die Folge davon ist, daß Sie sich gut fühlen und ruhig und entspannt einschlafen können.

8. Trainieren Sie selbstsicheres Verhalten.
Wenn Sie bereits viele Jahre unter dem Erröten leiden, dann haben Sie möglicherweise bestimmte Verhaltensweisen im Umgang mit anderen Menschen infolge der Vermeidung verlernt oder auch nie gelernt. Selbstsichere Verhaltensweisen wie etwa die Fähigkeiten, eigene Wünsche zu äußern, Nein zu sagen, Kritik zu ertragen, sich der öffentlichen Beachtung auszusetzen und Kontakt mit anderen herzustellen, fallen Ihnen schwer. Dann sollten Sie die Möglichkeiten nutzen, sich diese Fähigkeiten in einem Selbstsicherheitstraining (wird sehr häufig von den Volkshochschulen angeboten) oder auch in einer psychotherapeutischen Behandlung anzueignen.

9. Lesen Sie folgenden Text täglich durch oder sprechen Sie ihn auf Kassette:
„Ich bin bereit, mich so zu akzeptieren, wie ich bin - mit all meinen Stärken und Schwächen. Ich habe den Mut, mich unter Menschen zu begeben und mich zu äußern. Es ist für mich ein Experiment. Ich lasse es auf mich zukommen, ob ich erröte oder nicht. Das Erröten ist lediglich ein Zeichen dafür, daß mein Körper seine Arbeit tut und für Abkühlung sorgt. Ich kann damit umgehen zu erröten. Ich akzeptiere meine Körperreaktion. Ich konzentriere mich auf meine Atmung oder meine Muskeln, um mich zu entspannen. Ich kann auch ganz bewußt auf meine selbstsichere Körpersprache umschalten. Wenn mein Gegenüber mich wirklich

ablehnen oder sonst in irgendeiner Form negativ auf mich reagieren sollte, drückt dies lediglich seine Meinung aus. Seine Meinung ist abhängig von seinen Erfahrungen, seinen Erwartungen und seiner momentanen Stimmung. Ablehnung sagt immer etwas über den Ablehner, nicht über den Abgelehnten aus. Sie hat nichts mit mir zu tun. Es ist schade, wenn er seine Aufmerksamkeit auf mein Erröten richtet und mich deshalb ablehnt. Ich habe mehr anzubieten als mein Erröten. Es ist unmöglich, die Anerkennung aller Menschen zu bekommen. Deshalb bemühe ich mich darum, es mir recht zu machen, anstatt darum, von anderen gemocht zu werden. Ich überlege mir, was ich in dieser Situation für mich erreichen möchte, und tue, was notwendig ist, dieses Ziel zu erreichen."

10. Lesen Sie noch weitere Ratgeber-Bücher.
Selbstvertrauen und selbstsicheres Verhalten sind so umfassende Themenbereiche, daß sie den Rahmen dieses Buches sprengen. Im Anhang habe ich Ihnen deshalb eine Liste von Ratgebern zusammengestellt, die Ihnen weitergehende Strategien vermitteln.

Was Sie sich merken sollten

★ Ihr Selbstvertrauen ist erlernt. Sie können es stärken, indem Sie sich Ihre Stärken immer wieder vor Augen führen und sich an Situationen erinnern, in denen Sie sich selbstsicher gefühlt und verhalten haben.

★ Jeder Mensch hat Stärken und Schwächen. Deshalb sollten Sie lernen, keine Perfektheit von sich zu fordern, sondern sich mit Ihren Schwächen anzunehmen.

★ Wenn Sie einen Fehler machen, so hat dies absolut nichts mit Ihrem Wert als Mensch zu tun. Es ist lediglich ein Verhalten zu einem Augenblick in Ihrem Leben - wie ein Mosaikteilchen, aus dem Sie nicht auf das gesamte Mosaik schließen können.

★ Wenn Sie jemand ablehnt oder kritisiert, so hat dies nichts mit Ihrem Wert als Mensch zu tun. Es ist lediglich die Meinung eines anderen zu einem bestimmten Zeitpunkt. Es sagt etwas über ihn, seine Vorerfahrungen, Erwartungen, Lebenseinstellungen und Stimmungen aus und nichts über Sie.

★ Trainieren Sie sich durch hilfreiche Fragen darin, Ihren Blick auf das zu lenken, was Ihnen gelungen ist, worauf Sie stolz und wofür Sie dankbar sein können.

Wenn Sie sich zum Freund haben, können Ihnen weder andere noch Fehler etwas anhaben.

13
Ich will es, ich kann es und ich tue es!

Wie Sie Ihre Meidung aufgeben und aktiv werden können

Wir haben uns in den vergangenen Kapiteln damit beschäftigt, wie Ihr Erröten entsteht und wie Sie die Furcht vor dem Erröten und Ihre Erregung abbauen können. Jede Theorie und alles Verstehen nützt jedoch nichts, wenn Sie daraus kein neues Handeln ableiten. Gemeinsam ist allen Ängsten, daß wir sie nur überwinden können, wenn wir zunächst mit der Angst in die Situation gehen, die wir fürchten. Auf das Erröten bezogen bedeutet dies, daß Sie nicht darauf warten können, bis Sie nie mehr erröten, bevor Sie in die gefürchteten Situationen gehen. Es wäre zwar leichter und angenehmer, es gäbe die Möglichkeit, nie mehr zu erröten. Wenn es sie gäbe, könnten Sie sicher und angstfrei alles unternehmen, was Sie bisher vermieden haben - doch es gibt sie nicht. Sie müssen zurückgreifen auf die Einflußmöglichkeiten, die Sie tatsächlich besitzen - Ihr Gedankenprogramm, Ihre Atmung, Körpersprache und Muskelentspannung. Diese genügen jedoch vollkommen, um Ihre Situation grundlegend zu verbessern.

Wenn Sie die Furcht vor Ihrem Erröten und Ihre Verzweiflung abbauen wollen, dann müssen Sie aktiv werden und handeln. Was ist also notwendig, zu tun?

1. Stärken Sie Ihre Motivation.
Blättern Sie nochmals zurück zu Kapitel 7 und holen Sie sich einen Energieschub. Was **verlieren** Sie, wenn Sie der Furcht vor dem Erröten weiterhin nachgeben? Worauf müssen Sie dann in Ihrem Leben verzichten? Welchen Preis zahlen Sie im Beruf, in der Partnerschaft, im Freundeskreis, bei Ihren Interessen, bei Ihren Wünschen?
Was können Sie **gewinnen**, wenn Sie Ihre Furcht vor dem Erröten überwinden? Wie viel mehr Selbstvertrauen werden Sie verspüren? Wie viel spontaner können Sie sein? Wie viel mehr Menschen können Sie kennenlernen? Wie viel mehr Ihrer Wünsche können Sie sich erfüllen? Rufen Sie sich nochmals ganz deutlich ins Bewußtsein, wie sehr Sie weiterhin leiden werden, wenn Sie die Furcht vor dem Erröten nicht überwinden, und wie viel schöner und erfüllter Ihr Leben ohne Furcht sein wird.

2. Erstellen Sie einen Plan.
Ihr Ziel ist es, sich neue Gewohnheiten, zu denken, fühlen und handeln, aufzubauen? Dann brauchen Sie eine genaue Vorstellung davon, wie diese Gewohnheiten aussehen sollen und wie und wann Sie sich diese aneignen wollen. Notieren Sie in Ihrem Tagebuch:

1. In welche Situationen möchte ich gehen und das Erröten riskieren?
2. Was genau will ich in dieser Situation tun, auch wenn ich erröten sollte?
3. Wie häufig pro Woche will ich üben?
4. Wie möchte ich mich darauf vorbereiten?
5. Welche Strategien möchte ich einsetzen, falls ich erröten sollte?

Der Plan von Herrn L. enthielt z.B. folgendes Ziel:

1. *Ich möchte mich am Kiosk über eine neue Zeitschrift infomieren.*
2. *Ich möchte den Händler um Auskunft bitten, auch wenn ich erröten sollte.*

3. *Am Montag und Mittwoch dieser Woche werde ich in je zwei unterschiedlichen Zeitschriftenläden nachfragen.*
4. *Ich mache täglich meine positive Vorstellungsübung zu dieser Situation, und auch noch unmittelbar bevor ich losgehe. Zusätzlich dazu unterbreche ich meinen Katastrophenfilm mit dem Stopp-Signal, wann immer ich mich dabei ertappe.*
5. *Falls ich während des Gesprächs erröten sollte, sage ich mir: Meine Kühlung springt jetzt an. Das ist gut so. Der Händler darf es ruhig sehen. Ich mache die Bauchatmung und konzentriere mich auf das, was ich vom Händler wissen möchte. Zu der neuen Zeitschrift möchte ich folgendes wissen ...*

Bei der Erstellung Ihres Plans sollten Sie einige Punkte beachten:

- Setzen Sie sich kein Ziel, das Sie nicht kontrollieren können, wie beispielsweise, daß ein anderer Ihr Erröten nicht bemerken soll.
- Ihr Ziel sollte realistisch sein. Es ist unrealistisch zu erwarten, daß Sie nicht erröten. Konzentrieren Sie sich darauf, daß Sie mit dem Rotwerden umgehen können. Es ist auch unrealistisch zu erwarten, daß Sie die Strategien immer perfekt einsetzen.
- Üben Sie so oft wie möglich. Es kann niemals zu viel sein.
- Verzichten Sie auf Ihre „Hausmittel“ wie Alkohol, Tabletten, dickes Make-up, Schal, etc., wenn Sie üben.
- Flüchten Sie auf keinen Fall aus der Situation. Bleiben Sie, bis Ihre Anspannung nachläßt.
- Loben Sie sich dafür, daß Sie den Mut haben, in die Situation zu gehen und die Strategien einzusetzen.
- Belohnen Sie sich für jede Aktion. Dies wird den Erfolg um so wünschenswerter machen und sicherstellen, daß jedes neue Verhalten verstärkt wird. Ihre Belohnung muß etwas sein, daß Sie sich wirklich wünschen: etwas zum Anziehen, ein Buch oder eine CD, ein ergänzendes Teil zur Sportausrüstung, gutes Essen, eine lange Wande-

rung, eine Fahrt durch ein landschaftlich reizvolles Gebiet, einen Stadtbummel, einen Kinobesuch, einen Blumenstrauß.

- Wenn Sie möchten, können Sie die Situationen, die Sie „riskieren" wollen, nach der Schwierigkeit ordnen und mit der leichtesten Situation beginnen.

Sobald Sie Ihren Plan erstellt haben, beginnen Sie mit der ersten Situation. Machen Sie dazu positive Vorstellungsübungen (s. Kap. 11), bevor Sie dann life in die Situation gehen. Üben Sie die Situation so oft, bis Sie sich sicher fühlen. Dann begeben Sie sich in die zweite Situation auf Ihrer Liste, usw.

Auch beim aktiven Üben ist es empfehlenswert, über Ihre Erfahrungen Buch zu führen: In welche Situationen haben Sie sich gewagt? Welche Gedanken gingen Ihnen durch den Kopf? Trat Ihr Erröten auf und wie stark? Wie haben Sie sich gefühlt? Welche Strategien haben Sie erfolgreich eingesetzt? Was möchten Sie noch verbessern?

Sie können hierzu das **ABC der Gefühle** nutzen.
A: Situation
B: Bewertung
C: Gefühle, Körperreaktionen, Verhalten

Was ist mir gut gelungen?
Welche Strategien habe ich erfolgreich eingesetzt?
Was möchte ich in Zukunft noch verbessern?

Ich weiß, daß ich mit diesen Übungen das Schwierigste von Ihnen verlange, was Sie sich im Augenblick vorstellen können: Sie sollen ausgerechnet in die Situationen gehen, die Sie bisher gemieden haben oder nur unter schlimmsten Befürchtungen durchgestanden haben. Sie sollen trotz Ihrer Furcht, die Sie ja normalerweise von gefährlichen Situationen abhalten soll, in genau diese Situationen gehen. Ich kann Ihre erste spontane Bestürzung gut verstehen, denn Sie sind es ja gewohnt, mit diesen Situationen Ihr altes negatives Gedankenprogramm und Ihre Hilflosigkeit zu verknüpfen. Doch halt, es hat sich inzwischen schon einiges geändert, denn Sie haben mich schließlich bis zu diesem letzten Kapitel begleitet. Sie haben bereits viele Strategien im Kopf, um Ihrem Erröten nicht mehr ausgeliefert zu sein:

- neues Gedankenprogramm
- gezieltes Atmen
- gezielte Muskelentspannung
- Körpersprache verändern
- Positive Vorstellungen
- Selbstvertrauen stärken

Sie wissen, daß Ihr Erröten Ausdruck von Erregung ist, die Sie steuern können. Ich schlage Ihnen die Übungen nicht vor, um Sie zu quälen, sondern um Sie ihrem Ziel näherzubringen: nicht mehr Opfer Ihres Errötens zu sein, sondern Ihre wirklichen Lebensziele umzusetzen.

Was Sie mit diesen Übungen bewirken

Wenn Sie aktiv in die Situationen gehen, die Sie bisher gemieden haben, und die hilfreichen Strategien einsetzen, werden Sie erleben,

- daß Sie das Erröten beeinflussen können.
- daß das Erröten keine Katastrophe ist, sondern lediglich ein wenig unangenehm sein kann.
- daß andere nur selten mit Ablehnung und Auslachen reagieren.
- daß Sie mit Ablehnung umgehen können.
- daß es in Ihrem Leben weit mehr gibt als sich mit dem möglichen Erröten zu beschäftigen.
- daß Sie immer weniger Furcht vor dem Erröten haben werden.

- daß Sie stolz auf sich sind, weil Sie sich Ihrem alten negativen Programm widersetzt haben.
- daß Sie sich mehr Ihrer Wünsche erfüllen und daß Sie mehr Ihrer Ziele verwirklichen können.

3. Holen Sie sich Unterstützung.
Manchen Menschen fällt es sehr schwer - besonders wenn sie aus Furcht vor dem Erröten bereits jahrzehntelang viele Situationen gemieden haben - aktiv zu werden. Sie haben alleine nicht den Mut und die Kraft, ihre alten Grenzen zu überwinden. Wenn es Ihnen ähnlich geht, dann nehmen Sie Kontakt zu einem Psychotherapeuten auf. So wie Sie zu einem Anwalt gehen, der Ihnen Rechtsbeistand geben kann, erhalten Sie von einem Psychotherapeuten Beistand bei der Überwindung Ihrer Furcht. (Sollte an dieser Stelle Ihr alter Gedanke „Was ist, wenn der Therapeut mich wegen meines Errötens auslacht“ auftauchen, so blättern Sie nochmals zu den Kapiteln 10 und 11 zurück. Das alte negative Programm hat Sie wieder im Griff!) Im Anhang finden Sie eine Adresse, bei der Sie einen Verhaltenstherapeuten in Ihrer Nähe erfragen können.

Und wenn ich doch immer wieder rot werde?

Erröten als körperliche Reaktion auf Temperaturerhöhung und Aktivierung kann immer einmal wieder auftauchen. Wenn Sie an manchen Tagen stark mit dem Erröten reagieren sollten, dann ist möglicherweise Ihre Grundanspannung schon vor dem Erröten sehr hoch gewesen. Ein minimaler Auslöser kann dann bereits eine starke Erregung im Körper auslösen. Auch lange Übungspausen, Krankheit und Überarbeitung können sich in dieser Form auswirken. Wie schnell Sie vorankommen, hängt auch damit zusammen, wie lange Sie schon unter Ihrem Erröten leiden, wie viel Zeit und Mühe Sie in die Übungen investieren und wie stark Ihre generellen negativen Lebenseinstellungen sind.

Die entscheidende Änderung im Vergleich zu früher ist, daß Sie wissen, wie Sie mit Ihrem Rotwerden umgehen können, um keine Scham, verstärkte Anspannung, Angst oder Wut zu verspüren. **Auf Ihr hilfreiches Gedankenprogramm können Sie immer wieder zurückgreifen.** Wenn Sie nicht gegen das Erröten ankämpfen, es akzeptieren und Ihre Aufmersamkeit nach außen richten, wird es ganz von alleine verschwinden, ohne daß eine „Katastrophe" eintritt.

Vermeiden Sie, sich wegen des immer einmal wieder auftretenden Errötens abzuwerten und sich einen Strick daraus zu drehen, indem Sie sich vorwerfen: „Jetzt hast du das Buch gelesen und wirst immer noch rot. Noch immer erzeugst du dir dein Erröten, obwohl du genau weißt, wie alles funktioniert. Du bist unfähig und dumm". Denken Sie an den Umlernprozeß. Das theoretische Wissen um die Zusammenhänge löscht die alten Gewohnheiten noch lange nicht. Sie benötigen Zeit und Übung.

Zum Abschluß möchte ich noch ein Wort darüber verlieren, was Fortschritt in bezug auf das Problem des Errötens bedeutet.

Was ist ein Fortschritt für Sie?

Wenn Sie bisweilen unsicher sind und an Ihren Fortschritten zweifeln, können Sie im Tagebuch schwarz auf weiß Ihre Erfolge nachlesen. Falls Sie es bisher versäumt haben oder nicht für notwendig hielten, die Fortschritte zu notieren, können Sie jetzt damit starten.

Oder haben Sie vielleicht noch gar keinen Fortschritt zu verzeichnen? Nun, dann sollten wir Ihre Kriterien für den

Fortschritt unter die Lupe legen. Überlegen Sie einmal kurz, wann Sie von Ihrem Fortschritt sprechen würden. Etwa dann, wenn Sie nie mehr rot werden würden? Dann ist diese übertriebene Erwartung der sichere Weg, niemals das befriedigende Gefühl des Erfolgs verspüren zu können. Ich möchte mit meiner Definition von Fortschritt dagegenhalten: Sie haben immer dann einen Fortschritt erreicht,

- wenn Sie erkennen, wie Sie Ihr Erröten erzeugen und intensivieren.
- wenn Sie sich in Situationen wagen, die Sie bisher gemieden haben.
- wenn Sie sich ohne Hilfsmittel (Tabletten, Alkohol, Schal, etc.) in Situationen wagen, die Sie bisher gemieden haben.
- wenn Sie sich Ihre hilfreichen Gedanken sagen und Ihre alten Angstgefühle verspüren (Widerspruch zwischen Kopf und Bauch).
- wenn Sie eine Atemübung, Muskelentspannung oder die selbstsichere Körpersprache einsetzen.
- wenn Sie Ihr Erröten als natürliche Reaktion auf Erregung ansehen, statt es als Katastrophe und lebensgefährliche Reaktion zu bewerten.
- wenn Sie Ihr hilfreiches Selbstgespräch immer wieder voller Überzeugung laut wiederholen.
- wenn Sie sich neutrale Fragen stellen, statt sich auf Ihr Rotwerden oder die mögliche Ablehnung anderer zu konzentrieren.
- wenn Sie Ihr Rotwerden mit neutralen Worten oder Bildern beschreiben.
- wenn Sie Ihre Röte lediglich beobachten und zulassen, statt sich dafür zu verurteilen.
- wenn Sie positive Vorstellungsübungen machen, statt Katastrophenfilme zu drehen.
- wenn Sie Ihre Katastrophenphantasien mit „Stopp“ unterbrechen, statt sich darin zu ergehen.
- wenn Sie mit der Röte in der Situation bleiben, statt aus

der Situation zu flüchten.

- wenn Sie die Aussagen anderer als Meinung und nicht als generelle Ablehnung ansehen.
- wenn Sie Ihr Erröten als menschliche Reaktion akzeptieren, statt sich dafür zu verurteilen.
- wenn Sie Ihr Erröten seltener verspüren.
- wenn Ihr Erröten schwächer ist.
- wenn Ihr Erröten von kürzerer Dauer ist.
- wenn Sie Ihren Blick auf Ihre Stärken und Erfolge lenken und Ihre Schwächen akzeptieren.

Können Sie den Unterschied zwischen meiner und Ihrer Defintion des Fortschritts erkennen? Meine Definition enthält kein unrealistisches Alles-oder-Nichts-Prinzip: „Entweder ich erröte nie mehr oder ich mache keinen Fortschritt". Meine Liste der Kriterien für einen Erfolg ist wesentlich länger und damit die Chance, ein Kriterium zu erfüllen, auch größer. Sie haben also mehr Möglichkeiten, sich als erfolgreich anzusehen. Außerdem ist meine Liste positiv formuliert. Sie finden ganz konkrete Verhaltensweisen, die Sie zeigen müssen, um Ihrem Ziel näherzukommen. Wenn Sie sich motivieren wollen, auf dem Weg zu größerer Freiheit weiter zu gehen, benötigen Sie das Gefühl, voranzukommen. Wie wäre es, wenn Sie in Zukunft ganz genau darauf achten würden, was Sie Neues ausprobiert oder über sich gelernt haben?

Wenn Sie den Eindruck haben, einen Stillstand zu haben, dann sollten Sie sich folgende Fragen stellen:

- Bin ich zur Zeit in einer ohnehin angespannten Verfassung, weil ich berufliche oder private Probleme habe?
- War ich in der betreffenden Situation, in der ich errötete, müde, hungrig, im Streß, erschöpft oder krank? Gab es eine hohe Raumtemperatur oder eine große Temperaturschwankung?
- Habe ich meine neu erlernten Techniken eingesetzt?

- Habe ich sie richtig eingesetzt?
- Wie kann ich eine solche Situation in Zukunft besser meistern?

Wann können Sie Ihr Übungsprogramm beenden?

Um diese Frage zu beantworten, müssen Sie sich nochmals Ihr Ziel anschauen. War es beispielsweise Ihr Ziel, nicht mehr unter dem Erröten zu leiden, können Sie Ihr Übungsprogramm beenden, wenn Sie dies erreicht haben. Dies bedeutet auch, daß Sie Ihre Meidung aufgegeben haben und sich nicht mehr durch die Furcht vor dem Erröten von Ihren Plänen abhalten lassen.

Dennoch möchte ich Ihnen vorschlagen, weiterhin etwas für Ihr Selbstvertrauen zu tun und sich auch immer Zeit für die tägliche Entspannung einzuräumen. Die Atemübungen und die Progressive Muskelentspannung sind Techniken, die Sie bei jeglicher Anspannung einsetzen sollten. Ihr Signal für die selbstsichere Körperhaltung können Sie täglich nutzen, um sich in eine gute, kreative, kraftvolle Verfassung zu bringen.

Was Sie sich merken sollten

★ Sie müssen zunächst mit Angst in die Situationen gehen, die Sie bisher gemieden haben, bevor Ihre Angst sich abbaut.

★ Hilfreich ist, sich einen Plan zu erstellen, nach dem Sie vorgehen wollen, und sich für jeden einzelnen Schritt zu loben und zu belohnen.

★ Die Röte wird immer einmal auftauchen, doch Sie haben jetzt viele Möglichkeiten, sie schnell wieder abzubauen.

★ Es ist nicht hilfreich, darauf zu warten, nie mehr zu erröten, bis Sie sich einen Fortschritt gutschreiben.

Schlußwort

Liebe Leserin, lieber Leser, nun sind wir am Ende meines Buches angekommen. Herzlichen Glückwunsch, daß Sie die Kraft und Energie aufgebracht und mich bis hierhin begleitet haben. Die Frage: Was davon möchte ich in meinem Alltag umsetzen? müssen Sie sich selbst beantworten.

Wenn Sie das Buch jetzt zur Seite legen, haben Sie zwar mehr theoretisches Wissen, jedoch keinen praktischen Nutzen. Ihr Erröten wird Sie dann mit seinem Auftreten jedesmal an Ihre Grenzen erinnern. Jederzeit können Sie sich entscheiden, Ihren Körper so zu beeinflussen, daß er Ihnen zu Diensten steht.

Wann immer Sie möchten, können Sie zum Buch greifen, und ich werde Sie auf Ihrem Weg zu mehr Selbstvertrauen und Gelassenheit begleiten. Ich freue mich auch darüber, wenn Sie mich an Ihren Erfolgen und Erfahrungen teilhaben lassen. Richten Sie Ihr Schreiben an den Verlag. Er wird es an mich weiterleiten.

Ich wünsche Ihnen viel Erfolg auf dem Weg zu mehr Spaß, Lebensfreude und innerer Freiheit.

Doris Wolf

Eine meiner Klientinnen möchte Ihnen zum Abschluß noch ein Gedicht mit auf den Weg geben:

„Angst“
„Erröten“
laß es geschehen
auch wenn's die anderen sehen,
sie werden Dir nicht ans Leben gehen.
Mögen sie lachen und reden,
es sei Dir egal.
Es sind alles Menschen
und jeder fehlbar.
Drum sieh in Dich und sage Dir:
Du schaffst es jetzt und hier.

Angst
Erröten
geschehen
laß gehen
sehen, reden, lachen
egal
Glauben, Kraft, Mut
gut
Du bist mein Freund
und glaub an Dich,
Du schaffst Dein Ziel
ruhig und gewiß!

Weiterführende Literatur

Merkle: So gewinnen Sie mehr Selbstvertrauen, PAL
Merkle: Laß Dir nicht alles gefallen, PAL
Wolf: Ängste verstehen und überwinden, PAL
Wolf/Garner: Nur Mut zum ersten Schritt, PAL
Wolf/Merkle: Tiefenentspannung nach Jacobson, PAL
Zimbardo: Nicht so schüchtern, mvg

Suchen Sie fachliche Beratung und Unterstützung?

Wenn Sie nach dem Lesen dieses Buches die Hilfe eines Diplom-Psychologen in Anspruch nehmen möchten, dann schreiben Sie uns. Sie erhalten von uns eine Liste mit den Anschriften erfahrener Therapeuten, die nach den in diesem Buch beschriebenen Methoden arbeiten. Wichtig! Schicken Sie uns bitte einen an Sie adressierten und mit EURO 0,55 frankierten Briefumschlag. Wenn Sie in einer ländlichen Gegend oder einem kleinen Ort leben, teilen Sie uns bitte die nächstgrößeren Städte mit.

Wenn Sie wissen möchten, ob und wo sich in Ihrer Nähe eine Selbsthilfe-Gruppe befindet, dann wenden Sie sich bitte an folgende Informationsstellen:
NAKOS Berlin: Tel.: 030-8914019
Dt. Arbeitsgemeinschaft Selbsthilfe-Gruppen,
Tel.: 0641-9945612

PAL Verlagsgesellschaft mbH
Am Oberen Luisenpark 33 • 68165 Mannheim
Tel.: 0621-415741 • Fax: 0621-415101

Die Lebenshilfe-Bibliothek erfahrener Therapeuten

Dr. Doris Wolf
Ängste verstehen und überwinden
ISBN 3-923614-32-2

Dr. Rolf Merkle
Wenn das Leben zur Last wird
ISBN 3-923614-47-0

Dr. Doris Wolf
Wenn der Partner geht
ISBN 3-923614-74-8

Dr. Rolf Merkle
Eifersucht
ISBN 3-923614-24-1

Doris Wolf/Rolf Merkle
Tiefenentspannung nach Jacobson
Kassetten-Programm
ISBN 3-923614-69-1

Dr. Doris Wolf
Keine Angst vor dem Erröten
ISBN 3-923614-59-4

Einen Prospekt über unsere Ratgeber erhalten Sie bei:

PAL Verlagsgesellschaft • Am Ob. Luisenpark 33
68165 Mannheim • Tel.: 0621-415741 • Fax: 0621-415101

Oder schauen Sie auf unserer Homepage vorbei:
www.palverlag.de
Hier finden Sie ausführliche Informationen zu unserern Büchern sowie viele Problemlösestrategien und Hilfestellungen von Dr. Doris Wolf & Dr. Rolf Merkle

Schenken Sie uns 5 Minuten Ihrer Zeit?

Liebe Leserin, lieber Leser,

um Sie und andere Leser auch in Zukunft optimal unterstützen zu können, benötigen wir Ihre Mithilfe. Beantworten Sie bitte die nachfolgenden Fragen. Ihre Antworten sollen uns helfen, unsere Bücher noch mehr auf die Wünsche und Bedürfnisse unserer Leser abzustimmen. **Am Ende jedes Monats verlosen wir unter allen Einsendern dieses Fragebogens 10 Dankeschön-Preise (Telefonkarten unseres Verlages, Postkarten mit positiven Gedanken, usw.) Ein Anspruch auf einen bestimmten Gewinn besteht nicht. Der Rechtsweg ist ausgeschlossen.**

1. Welches Buch haben Sie gelesen? Bitte Titel angeben.

2. Was gefällt Ihnen am besten daran?

3. Was stört Sie am meisten?

4. Was könnte man Ihrer Meinung nach verbessern?

5. Ist der Text so gestaltet, daß man ihn gut lesen kann?

6. Was hat Ihnen am meisten geholfen?

7. Kennen Sie ein anderes Buch zum gleichen Thema, das Ihnen mehr geholfen hat bzw. besser gefällt? Wenn ja, bitte Titel und Autor nennen.

8. Benötigen Sie noch weitere Hilfestellungen? Wenn ja, welcher Art?

9. Wie oder durch wen sind Sie auf dieses Buch gestoßen?

10. Würden Sie ein Seminar zu dem Thema dieses Buches besuchen, wenn es vom Autor dieses Buches angeboten würde?

Trennen Sie diese Seite bitte aus dem Buch heraus und schicken sie an uns.

Vorname .... Name ....

Straße ....

PLZ/Ort ....

Ihre Angaben werden streng vertraulich behandelt und dienen nur der Verbesserung unserer Bücher. Nach Auswertung wird dieser Fragebogen vernichtet.

PAL Verlagsgesellschaft • Am Oberen Luisenpark 33 • 68165 Mannheim
Tel.: 0621-415741 • Fax: 0621-415101